中学校・高等学校国語科

この問いは、文学の授業をデザインする

松本 修・桃原千英子 編著

明治図書

はじめに

　2018年に告示された高等学校学習指導要領に提示された国語科の科目構成，そして，大学入学共通テストにむけて実施された試行調査問題が明らかになって，国語教育のあり方について，議論が高まってきました。新しい学習指導要領は，学力の構造を決め，それに沿って全教科の学習内容を学習の手順を指定するような形で示しています。それは，１年早く告示された小・中学校の学習指導要領でも既に明らかであり，例えば，実用文を必要以上に強調するような，一種のでこぼこを感じさせるものでした。しかし，高校の科目構成と試行調査の国語らしからぬ問題の構成によって，最終的に国語科の学力をどう規定しようとしているのかが，鮮明になったと言うことができます。それは，実用文を重視し，平板で単一的な論理を学習の中核に置こうとするものです。こうした動きに対し，むしろ国語教育の世界から少しずれたメディアから大きな反応が起きました。

　例えば，2019年５月号の『現代思想』（47-7　青土社）は，『教育は変わるのか』という特集を組んでおり，国語教育に直接かかわる論文が３本掲載されています。その３本の論文から，ひとことずつだけ紹介すると，次のようになります。

> ・「ことば」そのものの危機が来ている……紅野謙介
> ・国語科はますます身も蓋もなく道徳と近づくよう誘導されている……日比嘉高
> ・言葉と世界を一対一で対応させれば「読めない！」という事態が解消できるなどと考えるのは，乱暴を通り越してほとんど野蛮ではないか……阿部公彦

　また，2019年７月号の『すばる』（41-7　集英社）は『教育が変わる　教育を変える』という特集を組んでおり，「変わる高校国語，なくなる文学」というタイトルでの伊藤氏貴氏による３名の識者へのインタビューを筆頭に，様々な意見を紹介しています。その特集の中で，F. de. ソシュール研究者（だった）前田英樹は次のように書いています。

> 　日本語で実用文の読み書きを教えることなどは，学校で為すべき国語教育ではない。国語とは，母語のことであり，母語は実用に供されるものよりはるかに手前にあって，人の生を養い，支え続けているものだ。このような母語を教えるには，これをその深みの底から引き揚げてきたような文学の言葉を，愛読，愛誦させるほかないように思われる。

　その『すばる』のインタビューで，内田樹氏は次のような言葉を発しています。

僕は「テクストから引き出し得る愉悦の量を最大化できる能力」のことを「読解力」と言うべきじゃないかと思うんです。

文学に近い立場の声ですから，どうしても文学に好意的なのではないかという見方もあるかもしれません。しかし，国語教育の専門家よりも，そうではないところの人々が国語教育とりわけ文学教育の未来に危惧を抱いているというのは，どういうことなのでしょう。国語教育の専門家，つまり国語の教師自身が，あるいは研究者自身が，いまひとつ自分の仕事に自信を持てず，とりあえず突きつけられた課題にひるんでしまっているのかもしれません。

しかし，「主体的・対話的で深い学び」という言葉だけを考え，国語科の見方・考え方を突き詰めて，シンプルに自分の考える授業の姿をそれぞれ考えてみたらどうなのでしょう。そこに生まれる多様性が国語教育を救うのではないでしょうか。その時，重要なのが教師と学習者が共有すべき「問い」です。

国語教育とは離れた場所にいる野依良治氏は，「教育新聞」でのインタビューで，次のようなことを話しています（2019年6月25日　THE PAGE 配信）。

考える力，答える力が落ちていると言いますが，最も心配なのは「問う力」がほとんどないこと。誰かに作ってもらった問題に答える習慣が染み付いている。幼い子供たちは好奇心を持つが，学校教育が疑いを持つことを許さないのではないか。発展につながるいい問題を作るのは，与えられた問題にいい答えを出すよりも，ずっと難しいのです。

『すばる』のインタビューを踏まえて書かれた内田樹のブログ（2019-05-18）には，次のように述べられています。

子どもたちが中等教育で学ぶべきことは，極論すれば，たった一つでいいと思うんです。それは「人間が知性的であるということはすごく楽しい」ということです。知性的であるということは「飛ぶ」ことなんですから。子どもたちだって，ほんとうは大好きなはずなんです。

このような問題意識を共有しましょう。私たちが国語の学習において優れた「問い」が必要だと言うのは，問いを共有した学習によって，「問う力」を，「知性」を，学習者に身につけてもらいたいと願うからです。

令和2年春

松本　修

凡例

読みの交流を促す〈問い〉の要件

a　表層への着目
テクストの表層的特徴に着目する〈問い〉であること

b　部分テクストへの着目
部分テクストが指定されていることによって，
読みのリソースの共有がなされていること

c　一貫性方略の共有
部分テクストが他の部分テクストや全体構造との関係の中で
説明されるという解釈の一貫性方略（結束性方略）が共有されていること

d　読みの多様性の保障
読み手によって解釈が異なるという読みの多様性に開かれていること

e　テクストの本質への着目
想定される作者との対話を可能にするような
テクストの勘所にかかわるものであること

5要件を簡略化すると，次のようになります。

a　誰でも気がつく表現上の特徴を捉えている

b　着目する箇所を限定している

c　全体を一貫して説明できる

d　いろんな読みがありえる

e　その教材を価値あるものとする重要なポイントにかかわっている

描出表現の標識

叙述表現

A　発話・思考を意味する表現
　「想像した」「思った」などの動詞，思考内容表現

B　感情・感覚を意味する表現
　「恥ずかしかった」「寒い」などの形容詞

C　視覚・聴覚を意味する表現
　「見えた」「聞いた」などの動詞

補助的な表現

A　時間・場所・方向の表現
　副詞句（ダイクシスの軸がテクストの参加者を中心とする場合）

B　モダリティの表現
　意志・推量・疑問のモダリティをあらわす叙法副詞・助動詞・終助詞類（判断や態度
　がテクストの参加者に帰属するとき）

C　非再帰的な「自分」の表現
　（テクストの参加者の発話・思考の内容の表現にあらわれるとき）

　こうした要素を標識とするとともに，前後の関係する表現要素を複合的に判断することになります。

副次的な標識

文末の言い切りの形（述語，述語＋タ，述語＋テイル・テイタ／
副詞（「確かに」「どうも」など）／「てくる」「ていく」／
引用に関わる記号類／受け身表現／「言う」などの動詞／総称表現など

目次

はじめに … 2 　　　凡例 … 4

第1章　実践編
文学教材の「問い」と学習デザイン

教材1　「サーカスの馬」（中2） ────────────────── 10

【問い1】①「（まあいいや，どうだって。）と，つぶやいてみるのである。」②「やっぱり，（まあいいや，どうだって。）と，つぶやいていた。」③「やっぱり，（まあいいや，どうだって。）と，つぶやいているような気がした。」という表現にはどのような違いがありますか。… 12

【問い2】小説の結末が「息をつめて見守っていた馬が，…僕は我に返って一生懸命手をたたいている自分に気がついた。」の一文で終わることについて，あなたはどう評価しますか。… 17

教材2　「走れメロス」（中2） ────────────────── 24

【問い1】「私は，信頼に報いなければならぬ。今はただその一事だ。走れ！　メロス。」とありますが，「走れ！　メロス。」は，誰から誰へ語りかけているのでしょうか。また，そう考えた理由を，本文をもとに説明しましょう。… 26

【問い2】「一人の少女」の登場にはどんな意味があるのでしょうか。また，最後の一文を「勇者は，ひどく赤面した。」とした作者の意図を考えましょう。… 31

教材3　「握手」（中3） ────────────────────── 38

【問い1】「これは危険信号だった。この指の動きでルロイ修道士は，「お前は悪い子だ。」とどなっているのだ。」は，誰の声で聞こえますか。それはどうしてですか。… 40

【問い2】「葬式でそのことを聞いた時，私は知らぬ間に，両手の人差し指を交差させ，せわしく打ちつけていた。」は，誰（何）に対する，どのような気持ちを表しているでしょうか。… 44

教材4　「故郷」（中3） ────────────────────── 50

【問い1】「母はこう語った。…あれこれ議論の末，それは閏土が埋めておいたに違いない，…」とありますが，「私」は，どのような思いで「母から聞いた灰の中のわんや皿の話」を語ってい

るでしょうか。… 52

【問い2】離郷の場面で「まどろみかけた私の目に，海辺の広い緑の砂地が浮かんでくる。」とあります
が，「私」の目に浮かんだ「海辺の情景」は，「私」のどのような心情を表現しているでし
ょうか。母親の口から閏土の名前が出たときに脳裏によみがえった「海辺の情景」の回想と
比較しながら，考えてみましょう。… 56

教材 5　「竹取物語」（中1）———————————————————— 62

【問い1】かぐや姫が，「しばし待て」と言ったのはなぜでしょうか。… 64

【問い2】「ふと天の羽衣うち着せたてまつりつれば，翁を，いとほし，かなしと思しつることも失せ
ぬ。」とありますが，「天の羽衣」の作品中での役割はどのようなものでしょうか。また，ど
うしてそう考えたのですか。… 68

教材 6　「羅生門」（高1）———————————————————— 74

【問い1】下人や老婆を表す直喩表現のうち動物を使っているものに傍線を引き，使用されている場
面と共通する特徴について考えてみましょう。また，そのことは，どのような意味を持つで
しょうか。… 78

【問い2】末尾に「下人の行方は，誰も知らない。」とありますが，その後，下人はどうなったと想像
されますか。どうしてそのように考えたのですか。… 82

教材 7　「山月記」（高2）———————————————————— 88

【問い1】「何処か（非常に微妙な点に於て）欠けるところがあるのではないか」とありますが，
（　　）は誰の言葉で聞こえますか。また，どのようなところが欠けているのか考えましょ
う。… 90

【問い2】「酔わねばならぬ時が，（虎に還らねばならぬ時が）近づいたから，と，李徴の声が言っ
た。」の（　　）の部分は誰の声で聞こえますか。また，なぜ括弧書きで言葉を挿入したの
でしょう。… 95

教材 8 「童謡」（高2）.. 102

【問い1】「この少女を愛していたのか，とおもった。」とありますが，「この少女を愛していた」人は
いますか。いるならばそれは誰ですか。… 104

【問い2】「やはりこれは自分にちがいない。」と思ったのはなぜですか。… 109

教材 9 「源氏物語　桐壺」（高校古典）.. 116

【問い1】「人よりさきに参りたまひて，やむごとなき御思ひなべてならず，皇女たちなどもおはしま
せば，この御方の御諫めをのみぞ，なほわづらはしう，心苦しう思ひきこえさせたまひけ
る。」とあるが，「この御方」は，帝にとって，どのような存在だったのでしょうか。… 118

【問い2】桐壺の更衣は，「すぐれて時めきたまふ」ことを，どう思っていたのでしょうか。… 123

第2章　理論編

今，求められる文学の読みの学習

1　教室で文学を読む意義と読みの深まり 132
2　読みの交流と言語活動 134
3　語り手・語り 136
4　語りに着目した教材分析 139
5　一人称の語りの小説における問いとその諸相 141
6　比喩と象徴 144
7　空所に着目した教材分析 147
8　複数の問いの組み合わせ 149
9　学習者に獲得される「空所」概念 152
10　学習者の問い 155
11　古典教材の問い 158
12　伝統的な言語文化の学習を成立させる条件 158
13　古典教材の問いの諸相 161

Column　問いと交流を中核とした学習デザイン … 130
おわりに … 165　　　索引 … 166　　　執筆者一覧 … 167

第1章 実践編

文学教材の「問い」と学習デザイン

中学校・高等学校で学習する小説や古文の教材を取り上げ，本書が提案する「問い」を記しました。各教材の実践ページは，作品の特徴，2つの問い，単元の学習デザインの三部で構成されています。1つの問いは，50分間（一単位時間）で扱われることを想定しています。各問いは，単独でも活発な交流を生みますが，単元の中で組み合わせることで，生徒のさらなる闊達な交流，関連性の高い解釈が生まれます。

作品の特徴

教材の特性や問いにつながる教材分析の視点を述べています。特に，読みの交流を促すために，教材の見方・考え方（資質・能力）となる「語り」「空所」「象徴」等に着目しています。これは，第2章の理論を基にした考え方です。ですから，網羅的な指導事項にそった教材分析とは性格が異なります。教室で文学作品を読み，多様な解釈が生まれることが，読みの交流にとっては大変重要です。ただし「何でもあり」ではありません。叙述を根拠にした妥当な解釈が必要です。そのような読みを可能にするポイントを示し，多様な解釈の可能性を述べています。

問い

作品の特徴をもとに，生徒たちが対話を通して多様な解釈に気付き，自分の読みを見直し，解釈を再構築できる問いを提案しています。語り手の判断が分かれる「描出表現」や，「読みの交流を促す問いの要件」も検討し，問いづくりのポイントを示しました。問い方によっては読みが限定されてしまうため，「問いに至るポイント」で効果的な問いへの作成過程を示しています。しかし本書の問いは，ただ提示するだけでは十分な効果を発揮しません。問いの意図や，問いに正対するための条件があります。正対の条件とは，問いに向かう前提として，なぜそれを探究するのか問われる意味が分かっているか。また教師も問う意図が分かっているかといった，コンテクストの了解を意味しており，必要に応じて示しました。実践における展開の様子から，どのように問いを提示していくのか，どのような反応を事前に引き出しておくべきなのか，お分かりいただけるでしょう。そして，生徒たちからどんな言葉が発せられるのかは，交流で想定される反応として示しています。実際の「読みの交流」の授業を参考に，読みを吟味しあう対話過程を紹介しています。交流後の解釈例は，学習のゴールイメージとなるものです。

単元の学習デザイン

問いの効果的な組み合わせと，単元の中での位置付けを記しました。生徒自身が「問い」をもちながら作品を読み，自分の解釈の妥当性を吟味しつつ作品の意味付けをしていく授業の全体像を示しています。

1 「サーカスの馬」

（安岡章太郎）

『サーカスの馬』は，成長した「僕」が過去の自分である中学校時代の「僕」の体験を振り返るという回想物語の枠組みで書かれた作品です。

登場人物である中学校時代の「僕」の性格や心情，行動などが直接的に描かれており，「僕」の心情を追いかけていく心情読解に適した教材であると言えます。「全くとりえのない生徒」である「僕」の心情が「（まあいいや，どうだって。）…」という表現によって描き出されており，中学生の共感を得やすい教材であると考えられます。また，作者が「我に返って一生懸命手をたたいている自分に気がついた。」という印象的なシーンで作品を終えたことの効果を考えることで，「僕」の心情の変化や作品の書かれ方としての心情表現の仕方に着目できるようになります。特徴的な表現の効果や，この一文で物語が終わることの効果に着目した問いの解決を通して，語り手による心情の語り方や作者の表現の意図について交流することの意義を見いだしましょう。

作品の特徴

▶一人称の語り

この教材は，成長した「僕」が中学校時代の「僕」について回想して解説的に語るといった語りの構造を持っています。

冒頭の「僕の行っていた中学校は九段の靖国神社の隣にある。」という一文の「行っていた」という言葉，「全くとりえのない生徒であった。」「全く人好きのしないやつであった。」の「であった」という言葉などにより，成長した「僕」が中学校時代の「僕」を回想し，客観的・解説的に語る「一人称の語り手」であることを読み取ることができます。

ただし，語り手が回想している現在について時間を特定する必要はなく，少年期を回想する余裕ができた頃程度に理解していれば十分であると考えられます。作者である安岡章太郎の自伝的な小説であるため，生徒は「僕は有名作家になる」というような短絡的な解釈に結びつけやすいことが想定されます。成長した「僕」が回想するという語りの構造を押さえることで，とりえのない「僕」の人物像を相対化したり，その成長を予感したりしながら読むことが可能になります。さらに，「僕」が成長していく物語であるという作品の枠組みが理解されることによって，中学校時代の「僕」の当時の心情と，成長した「僕」が後から意味付ける当時の「僕」の心情という2つの視点からの読みが可能になります。

▶特徴的な表現と心情の変化

　第3場面までの各場面の最後に①「（まあいいや，どうだって。）と，つぶやいてみるのである。」②「やっぱり，（まあいいや，どうだって。）と，つぶやいていた。」③「やっぱり，（まあいいや，どうだって。）と，つぶやいているような気がした。」という繰り返し使われる表現があります。

　①の表現からは，感情のやり場のない「僕」が意識的に「心の中を空っぽにしたくなって」つぶやくことが読み取れます。まだ，この段階では「試しに」というようなニュアンスがあり，完全に投げやりになっているわけではないという印象を受け取ることができます。

　②の段階では，①の時点よりも深い虚無感を覚えているということが想定されます。この場面では，「僕」の学業に関する様子が語られています。「僕」自身を肯定し，なだめるために気がついたら無意識につぶやいていたという印象を受け取ることができます。

　③の表現からは「僕と同じように馬もそうつぶやいているような気がした」というニュアンスを受け取ることができます。つまりは，痩せた馬をみた「僕」が感情移入して，馬も自分と同じような境遇，心境にあるのだろうと考えたと捉えられます。今までのつぶやきとは違い，「僕」が共感をよせた馬がつぶやいているような気がしたという点に，このあとの話題への伏線を感じる生徒も現れることでしょう。

　これらの細かな表現の違いについて考えることで，「僕」の心情の変化を構造的に捉えることができます。

▶最後の一文への着目

　作品は，「息をつめて見守っていた馬が，今火の輪くぐりをやり終わって，やぐらのように組み上げた三人の少女を背中に乗せて悠々と駆け回っているのを見ると，僕は我に返って一生懸命手をたたいている自分に気がついた。」という馬を賞賛する一文で終わっています。

　いつも外をぼんやり眺めているような人物である「僕」ですが，ここでは今までと違う一面が描かれていると言えます。この文から，馬の姿が「僕」の人生への希望や，励ましになっていることを読み取る生徒がいることでしょう。また，この時点で「僕」は今までの自分自身への認識を新たにしているとも受け取れます。「僕」の決意を表していると受け取る生徒もいれば，自己認識を改めたが，果たして自分も馬のように生きられるのだろうかといった，さらなる迷いが生じていると受け取る生徒もいると想定され，解釈が分かれる部分です。

　作品の最後に作者があえて「僕」の心情を記さず，馬を賞賛する表現にとどめることで，作品最後の「僕」の変化や心情を読者に多様に想像させる効果があります。この表現で作品が終わることの意義を考えることで，作者の意図や作品の仕掛けにまで踏み込んだ読みをつくることが可能になります。

【問い１】 作品の特徴的な表現・構造に着目した問い

> ①「（まあいいや，どうだって。）と，つぶやいてみるのである。」
> ②「やっぱり，（まあいいや，どうだって。）と，つぶやいていた。」
> ③「やっぱり，（まあいいや，どうだって。）と，つぶやいているような気がした。」
> という表現にはどのような違いがありますか。

▶▶▶ ここでは，３か所の「（まあいいや，どうだって。）…」という繰り返し用いられる表現に着目し，３つの文の表現上の特徴から３場面までの僕の心情の変化を構造的に捉えるための問いについて解説します。作品の特徴のページで紹介した，「特徴的な表現と心情の変化」に関連する問いになっています。

▶問いの意図

「（まあいいや，どうだって。）」という言葉は，１〜３の各場面の最後に置かれ，同じ表現が繰り返されています。また，３か所の「（まあいいや，どうだって。）…。」の文は，①「つぶやいてみるのである。」②「つぶやいていた。」③「つぶやいているような気がした。」と文末の表現が各々で異なっており，②と③は①を受けて「やっぱり」という言葉を補っています。

①は「つぶやいてみるのである」という表現から，「目の前の現実から一時的に目をそむけようとして試しにつぶやいてみる」という印象を受けます。

②の時点の「僕」は，無意識のうちに「（まあいいや，どうだって。）」とつぶやいていたと想像できます。①の時点に比べ，深い虚無感を感じていることをこの表現から受け取ることができます。

最後の③は，同じような境遇に立たされていると「僕」が想像した馬がつぶやいているような気がした，というニュアンスから，馬への共感を表していると考えられます。発話の主体が「僕」から馬へと変わっており，廊下から見える馬でさえも僕と同様の境遇・心境であると感じている「僕」の心情が読み取れます。このことから，生徒たちは「僕」のより一層深い虚無感を感じ取ることでしょう。

この「問い」は作品における「僕」の心情の変化を構造的に捉えるという点で重要です。各段落の最後に置かれているという構造上の特徴と表現の違いという表層上の特徴から，生徒は心情の変化を他の段落の言葉や全体構造との関係の中で説明することが想定され，作品全体の解釈における結束性（テクストにおいて内容的にまとまりがあり，部分テクストが他の部分テクストや全体構造との関係の中で一貫性ある説明や解釈が可能なことを示す仕組み）が高まることに繋がります。また，語り手に寄り添った読みと「中学校時代の僕」の心情に寄り添った読みが交流されることにより，生徒一人ひとりが自分の読み方を自覚することにも繋がります。

▶問いに正対するための前提条件

　この問いは，作品の１～３場面を構造的に捉えるための問いです。単元の中盤に，３場面までにおける「僕」の心情の変化を捉えさせるための学習課題として提示することがふさわしいものです。場面ごとの心情理解に終始しやすい教材ですが，心情の変化を繋がりをもって捉えさせることが重要です。そのため，「全くとりえのない生徒」としての「僕」に関する具体的な叙述や，「人好きのしないやつ」に関する具体的な表現などから「僕」の人物像についての学習を進めておくことで，作品の繋がりを意識した読みが提示されることになります。

　場面や言葉同士の繋がりを意識させた上で，この問いを提示することで，今まで見えなかった「僕」の新しい一面に気づいたり，ここまでの文章を構造的に関連付けて解釈したりすることが可能になります。

▶交流で想定される反応

S１：最初の（まあいいや，どうだって。）の時には意識的につぶやいていて，２回目の時には，気がついたらつぶやいていたという感じがして，３回目では馬でさえもそうつぶやいているような気がしているというところが違うと思います。

S２：「つぶやいてみるのである」と「つぶやいていた」と「つぶやいているような気がした」だから，段々無意識で，癖になっているような気がします。

S３：「悔しい気持ちにも，悲しい気持ちにも，なることができず，ただ心の中を空っぽにしたくなって」と書いてあるから，この場面では自分にはとりえはないけどまだ完全に投げやりになっているわけではないと思います。

S４：次の場面では「笑い声の上がったりするのが気になることはあったけれど…。」と書いてあって，段々クラスから疎外されていく感覚が強くなっているのだと思います。だから，段々投げやりになって，いつの間にか（まあいいや，どうだって。）とつぶやくことが癖になっていたと思います。

S５：３場面は痩せ細った馬の姿を一人廊下で見ていて，「それは見るからに，痛々しかった。」と書いてあって，「その馬について，いろいろに考えることが好きになった。」と書いてあるから，今の自分の境遇と馬を照らし合わせて共感したので（まあいいや，どうだって。）とつぶやいているように感じたのかな。

S６：今までの場面から考えると，最初はまだ投げやりじゃなかったと思うんだけど，３場面の時には馬でさえも投げやりなんだからという感じで，どんどん投げやりになる感じが「僕」の中で強くなっているんじゃないかな。

▶問いに至るポイント

　文学教材の問いを作る際，繰り返し出てくる表現に着目するとよいでしょう。作品で強調したい心情や行動について，繰り返し同じ言葉や似たような言葉を用いて表現されている場合があります。これは登場人物の心情や行動の機微を，微妙なニュアンスの違いによって表現しようとしているのです。心情読解を進め，登場人物の心情を構造的に把握し，一貫性のある読みをつくるにはこのような繰り返し用いられる言葉に着目するとよいのです。

　この問いは，各場面の最後に（　）書きで示される，「僕」の心情表現に着目したものです。徐々に深まる「僕」の疎外感や虚無感を読者が読み取るうちに，「なぜ作者は同じ言葉を繰り返し使っているのだろうか」と，疑問が生まれる箇所でもあります。

　そのような読者が感じる疑問を問いに反映させます。このとき，「各場面の（まあいいや，どうだって。）というつぶやきには，僕のどんな気持ちが込められているでしょうか」と直接心情を問うと，各場面における「僕」の心情をそれぞれ独立したものとして捉え，作品全体の繋がりが薄れてしまうことになります。また，「どうして（まあいいや，どうだって。）と繰り返しているのでしょうか」と問う場合，（　）の前後の表現の微妙な違いに目を向けず短絡的な読みに留まってしまいます。それらを防ぐためには，３か所の表現を文末まで省略せずに並べて提示し，表現の違いや表現の意図を問うことが重要になります。

▶描出表現

> ①「（まあいいや，どうだって。）と，つぶやいてみるのである。」
> ②「やっぱり，（まあいいや，どうだって。）と，つぶやいていた。」
> ③「やっぱり，（まあいいや，どうだって。）と，つぶやいているような気がした。」

　①の「みるのである」という表現は「補助的な表現」B「モダリティの表現」にあたります。「〜してみる」という表現は，意識的につぶやいてみるなど「僕」の判断や態度が表現されています。「と，」という言葉は直前の「（　）」の中に記された言葉を指し示しており，「つぶやく」に「〜してみる」と付くことで意識的に「僕」がつぶやくという「僕」の判断を示しています。また「のである」という表現からもあえてやってみたという「僕」の判断や意志を示していると受け取れます。

　また，②と③は文の直前に「やっぱり」という言葉を補って「やっぱり，〜していた」「やっぱり，〜しているような気がした」という構造をとっています。この「やっぱり」という表現は，②では「やっぱり〜していた」という表現から「自身をなだめるうちにいつのまにかやっぱり」というニュアンスを受け取り，③では直前までの場面の内容を踏まえて「やっぱり〜

しているような」「気がし」「た」という表現を分析すると，「自分と同じような境遇だと感じた馬もやっぱり」というニュアンスを受け取ることができます。つぶやく行為の主体が「僕」から馬に変わっていることや，「つぶやいていた」「つぶやいているような気がした」という2つの表現の違いから，「やっぱり」という言葉の意味も微妙に変化していることに気がつきます。また②と③の文末表現は「述語＋テイタ」「述語＋タ」の形をとっており，語りの分析の副次的な標識にも合致します。

▶「読みの交流を促す〈問い〉の要件」の充足

【問い1】は，cの要件に不足があります。cを満たす問いと組み合わせることで全ての要件を満たすことができます。

要　件（▶理由）	充足
a　誰でも気がつく表現上の特徴を捉えている ▶繰り返し提示される（まあいいや，どうだって。）という言葉に着目させており，誰でも気がつく表現上の特徴を捉えた問いになっています。	○
b　着目する箇所を限定している ▶3カ所の文に限定した問いであり，着目する言葉を指定しています。 前後の文脈を関連付けながら説明する可能性が高く，作品を構造的に捉えた読みが期待されます。	○
c　全体を一貫して説明できる ▶第3場面までに限定した読みが提出される可能性が高く，第4場面を踏まえて，全体構造との関係の中で読みをつくることが難しいと考えられます。 しかし，【問い2】の前に，問うことで作品の一貫性をつくる前提になります。	△
d　いろんな読みがありえる ▶3箇所の表現を比較させることにより，展開部の文脈を中心にした説明，または導入部の文脈も含めた，作品全体からの説明により，複数の解釈が期待できます。	○
e　その教材を価値あるものとする重要なポイントにかかわっている ▶僕の心情の移り変わりや馬への勘違いから生まれる僕のさらなる虚無感と僕の自己認識の転換点といった，作品の主題に迫ることができます。	○

▶交流後の解釈例

「成長した僕」という語り手に寄り添った読みと「中学生の僕」の心情に寄り添った読みの2種類が想定されます。

第3場面までの各場面は，「全くとりえのない生徒」である「僕」の様子，授業中の「僕」の様子，さらには，廊下に立たされているときに見える馬の様子とそれを見た「僕」の思考過程が当時を再現するかのように前景化して描かれています。

作品世界に没入し，「僕」に心を寄せて読む読者は，当時の僕の様子や心情を想像しながら3つの表現の違いについて考えることでしょう。

一方で，「僕の行っていた中学校は九段の靖国神社の隣にある。」という冒頭の一文を手掛かりに，「成長した僕」という一人称の語り手の視点に立って作品を読み進める読者が現れることも想定されます。

語り手の視点に立ち，この作品を読み進めていった場合，当時の「僕」は気がつかなかった自身の心情や，今となってやっとわかる当時の「僕」の心情を構造的に伝えようとする語り手の語り口に着目した読みが表れることが想定されます。

この作品の語りの構造が多様な解釈を可能にするため，どの時点の「僕」の視点から読むかという読み手がもつ認識の差異によって読みの「幅」が生まれます。

解釈例1

　段々無意識になっているという点に違いがあります。
　当時の「僕」は最初，クラスからまだ受け入れられていて，時々，自分自身の心を空っぽにするために意識的に（まあいいや，どうだって。）とつぶやいていたのだと思います。しかし，段々とクラスから疎外されてきて，どんどん何もしたくなくなっていったと思います。このような経験を繰り返すうちにやがて，虚無感が強くなり，馬に自分と同じような境遇を感じ，この言葉を使うことが癖になっていたのだと思います。

【「中学生の僕」に寄り添った読み】

解釈例2

　段々と投げやり感や虚無感が強まっている点に違いがあります。
　語り手である「僕」が当時の「僕」を振り返っているから，当時，同じ言葉をつぶやいていたけれど，段々と「どうでもよくなる感覚」が強まっていたこと，そのときには気がつかなかったけれど「馬でさえも同じ心境なのではないか」と感じるようになるくらい虚無感が強まっていたのだ，ということを読んでいる人に強調して伝えたいのだと思います。

【「成長した僕」という語り手に寄り添った読み】

【問い２】 作者との対話・主題に関する問い

> 小説の結末が「息をつめて見守っていた馬が，…僕は我に返って一生懸命手をたたいている自分に気がついた。」の一文で終わることについて，あなたはどう評価しますか。

▶▶▶ ここでは，サーカスの馬に感動した僕のその後を書かずに作品を終えた作者の意図について考え，作品の主題に迫るための問いについて解説します。作品の特徴のページで紹介した，「最後の一文への着目」に関連する問いになっています。

▶問いの意図

　この問いは，サーカスの馬に感動して手をたたく「僕」の，その後の心情や行動，人物像の変化を書き記さなかった作者の意図を考えるための問いです。

　まず，この一文の後に「僕」の人物像や心情にはどんな変化があったと思うか，「成長した僕」はこの出来事の後，自分にどのような変化があったと振り返るのかを考えさせます。

　次に，なぜ続きを書かなかったのか考えさせ，この一文で終わることについて批評する問いを提示します。作者の立場と自分の考えを相対化して，この一文で作品が終わることの効果を考えさせることで，作者が作品に込めたメッセージを読むことに繋がり，作者との対話が促されます。

　また，この問いでは，３場面までの僕の人物像や心情と，４場面のサーカスの馬に対する「僕」の見方が変わったことによる心情の変化とを結び付け，作品全体を構造的に捉えた一貫性のある解釈が求められます。また，「中学生の僕」に寄り添った読みと「成長した僕」による回想的な語りに着目した読みが交流されることにより，自分の読み方を自覚することにも繋がります。一貫性のある解釈をもとに作品批評をしていく活動は，生徒たち一人ひとりがその作品を価値付けるという学習のまとめの役割を担います。

　【問い１】について自分の考えを振り返る時間を設け，さらに，【問い１】と関連させて，４場面における僕の心情の変化をまとめたうえで問うことで一貫性のある作品解釈が可能になります。

▶問いに正対するための前提条件

　この問いは，作品を批評する学習課題のため，単元の最後に提示することがふさわしいマクロ構造をもつ問いです。

　特に，この教材では「中学生の僕」の人物像や心情が「成長した僕」によって語られるという語りの構造を理解することが重要です。また，この問いは，僕のその後の変容が書かれてい

ないことについて批評するという点で，作品全体における構造的な心情の読み取りをすませておくことが大前提です。【問い１】について振り返りながら４場面の心情読解を丁寧に進めておく必要があるでしょう。

　また，「どう評価しますか」という問いは，単に良し悪しを問うわけではなく，その価値を根拠をもって評価する，「批評する」問いであるという意識をもたせることが重要です。批評の問いによって，作者の表現の意図や作品の書かれ方に着目することで，作者との対話を促すことに繋がります。

▶交流で想定される反応

S１：私は，この後の「僕」の変化について直接書かなかったことは良いことだと思います。「僕」は今まで自分のことを「全くとりえがない」と思っていたけれど，サーカスの馬の曲芸を見て自分にもとりえがあるんじゃないかと思うようになったのではないかと思います。続きを書かないことで，読者の「僕」に対する人物像の想像の幅が広がると思います。

S２：僕は続きを書いた方が良かったと思います。このままの終わり方では「手をたたいていることに気がついた」時の「僕」の気持ちがはっきりと伝わりません。自分と同じような境遇に見えたあの馬でさえ，前向きに頑張っていると感じたと思います。だから，この後「僕」はすごく前向きになったのだと思います。その気持ちの変化をはっきりと伝えた方が読んでいて面白いような気がします。

S３：でも，馬を見たくらいで本当に前向きになれるのかな。私だったら，サーカスが終わってそのときを振り返ったら，「あの馬はこんなに生き生きしていたけど，やっぱり自分にはとりえがなかった」「ただの勘違いだった，僕と一緒じゃなかった」みたいにもっと後ろ向きになっちゃうな。

S４：S３さんの意見を聞いて，やっぱり続きをわざと書かなかったから，こういう考えがでてくるし，読者の想像の幅を広げる効果があるのだと思います。

S５：作者は「誰にでも輝ける場所はあるのだ」ということを読者に強調して伝えるためにわざと続きを書かなかったのだと思います。この後，「誰でも輝ける場所はあると思った」などと書いてあると，伝えたいことが少し弱まってしまうような気がします。ここで終わるからこそ，作者の思いが強調されているのだと思います。

S６：大人になって振り返っているわけだから，あのときの馬の姿がきっかけで今の自分がある，今の自分は何かにとらわれず生き生きしているというメッセージをこの一文で表現したいんじゃないかな。

▶問いに至るポイント

【問い2】は，作品の結びに着目した問いです。小説の結びの一文には作品に込めた作者の思いやメッセージがよく表れています。この小説の結びの一文もそのような例であると捉えられます。このような表現で作品を締めくくった作者の意図を考えることで作者との対話が促されます。

【問い2】は生徒が「続きが気になる」と少し立ち止まって考えてみたくなる箇所でもあり，このような生徒の意見を問いに反映させます。

その際に，①「この話の続きを考えよう」という問いだけでは，作品の文脈が反映されず，生徒たちの経験に依存した状況の文脈での読みに留まってしまう可能性があります。この問いは子どもたちがこれまでの解釈を自分なりに表現するためには有効ですが，これだけでは作品全体を構造的に捉えるには不十分であることが予想されます。

また，②「一生懸命手をたたいている自分に気がついたとき，僕はどんな気持ちだったでしょうか」というような直接的な心情理解の問いは，この一文だけをみて解釈をつくることになりかねません。作品全体を捉えた一貫性のある解釈をつくるためには「なぜ作者がここで作品を終えたのか」「語り手はなぜこの一文を語ったのか，語りを終えたのか」を考えることが重要です。

そこで，「この小説がここで終わることをどう評価しますか」と問い方を変えることで，ここで作品を終えた作者の意図を考え，それに対する自分の考えを作者と対話しながら表現することができます。

▶描出表現

「気がついた」の文末の言い切りの形「述語＋タ」は，描出表現を判断する際の副次的な標識になっています。

「自分」は，非再帰的な「自分」の表現として，テクストの参加者である「僕」の発話や思考の内容の表現にあらわれたものと捉えることができます。「自分に」という言葉を語り手から見た過去の自分を表す三人称の呼称と捉えた場合，「気がついた」時の知覚の起点が「過去」の僕の時点にあることを示します。そのため，語り手である「成長した僕」が当時の知覚・認識・思考を「中学生の僕」になりきって語っていると受け取ることができます。

一方，「成長した僕」が振り返るという回想物語としての枠組みからこの表現を考えると，「気がつい」「た」という文末表現から「あのときにはそれほど重要だと思わなかったけれど，今となって振り返ると僕は手をたたいている自分に気がついた」というようなニュアンスになります。日時を経たからこそわかる当時の知覚の重要性の再認識と受け取ることができます。

語りの時間軸を検討することで，このような読みの違いが表れます。

▶「読みの交流を促す〈問い〉の要件」の充足

要　件（▶理由）	充足
a　誰でも気がつく表現上の特徴を捉えている ▶「手をたたいている自分に気がついた」という結末の一文に着目させており，テクストの表現上の特徴に着目する問いになっています。	○
b　着目する箇所を限定している ▶最後の一文に限定した問いであり，着目する言葉が指定されていることによって，読みのリソースの共有がなされています。	○
c　全体を一貫して説明できる ▶作品全体の文脈と語りの構造を関連付けながら読むことで，一貫した説明が可能となる問いです。	○
d　いろんな読みがありえる ▶「中学生の僕」に寄り添って読むのか，「成長した僕」に寄り添って読むのかで感想が異なります。 さらに，自分がどちらに寄り添って読むのかによって作品の文末表現や作者の意図に対する評価も異なり，交流を通して新たな読みとの出会いが期待されます。	○
e　その教材を価値あるものとする重要なポイントにかかわっている ▶「僕」の心情や人物像が最も変化するポイントを押さえています。 また，この文で終えた作者の意図について考えることで作者との対話が促され，「僕」の変化を通して作品の主題に迫ることが期待されます。	○

▶交流後の解釈例

　この作品は，第1場面から第3場面までは僕の疎外感や虚無感についての当時の僕の様子が詳細に描かれています。

　第4場面では自分と同じ境遇だと思っていた「サーカスの馬」の生き生きとした一面を目にすることになります。「思い違いがはっきりしてくるにつれて僕の気持ちは明るくなった」という表現から，その時の僕の気持ちが今までの場面とは変化していることが読み取れるでしょう。

　そして，作品は「我に返って一生懸命手をたたいている自分に気がついた」という言葉で締めくくられます。

　この作品の終わり方を受け入れることができるのかどうか，「中学生の僕」に寄り添って読むのか，「成長した僕」に寄り添って読むのかによって大きく4つの解釈が想定されるでしょう。

解釈例1

　この作品の終わり方には共感できます。

　この作品がここで終わることで，「僕」の気持ちやその後の変化を読者が自由に解釈できるようになります。今までの「僕」は自分にはとりえがないと思っていたけれど，最後自分にもとりえがあるんじゃないかと思って拍手をしていたのだと思います。

【「中学生の僕」に寄り添った読み】

解釈例2

　この作品にはその後の「僕」の心情の変化や行動の変化は書かれていません。

　サーカスの馬と出会ったとき「僕」は気持ちが明るくなり，きっと心に変化があったと思います。また，こんな自分でも何かとりえがあるんじゃないかと思って前向きな人に変化したと思います。

　そこをしっかり書いた方が読み手に「僕」の変化が伝わりやすいと思うので，続きを書いて終わるともっとよいと思います。

【「中学生の僕」に寄り添った読み】

解釈例3

　この作品がここで終わることに共感できます。

　作者は成長した今だからこそ中学生の頃の自分を客観的に書けるようになっていると思います。きっと，中学生の頃はただなんとなく日々を過ごしていたのだと思います。そして，サーカスの馬に出会ったことで自分は変わったんだ，だから，みんなも自分に自信をもって欲しい，いつか変われる時がくるという事を成長した今だからこそ語れるのだと思います。ここで終わることは，拍手や一生懸命という言葉に込めた思いを強調して読者にとどける効果があると思います。

【「成長した僕」という語り手に寄り添った読み】

解釈例4

　この作品で作者は，この馬でも頑張ることができたのだから誰でも何かとりえがあるのだ，少し見方を変えれば自分の力が発揮できる瞬間があるのだ，というメッセージを伝えたいのではないかと思います。この一文で終わるより，その後の僕の変化を少し付け足した方がよりその思いが伝わると思います。

【「成長した僕」という語り手に寄り添った読み】

単元の学習デザイン

時	分類	問い	見方・考え方
1	ミクロ	初読の感想を書きましょう。(「僕」についてどう思いますか。)	
		©D 「僕の行っていた中学校は九段の靖国神社の隣にある。」 「僕は，全くとりえのない生徒であった。」 「おまけに僕は，全く人好きのしないやつであった。」 「僕はまた，あの不良少年というものでさえなかった。」 などの言葉から語り手のどのような視点が読み取れますか。	語り手 回想型一人称小説 作品構造
2	ミクロ	Ⓐ 僕の人物像に関する表現を検討しましょう。	心情理解 人物像
3	ミクロ	Ⓔ ①「(まあいいや，どうだって。)と，つぶやいてみるのである。」 ②「やっぱり，(まあいいや，どうだって。)と，つぶやいていた。」 ③「やっぱり，(まあいいや，どうだって。)と，つぶやいているような気がした。」 という文にはどのような違いがありますか。【問い1】	作品構造 語り手
4	マクロ	Ⓔ 【問い1】について，自分の考えを振り返ってみましょう。	作品構造 語り手 主題 人物関係
		Ⓑ 「思い違いがはっきりしてくるにつれて」とありますが，どのような「思い違い」だったのでしょうか。	
5	マクロ	Ⓕ この小説が「息をつめて見守っていた馬が，…僕は我に返って一生懸命手をたたいている自分に気がついた。」の一文で終わることをどう評価しますか。【問い2】	語り手 作品構造 主題

❶単元で働かせたい見方・考え方

「一人称の語り」に着目して作品を読み，自分なりに主題を捉える。

❷問いの組み合わせと学習デザイン

> **作品内容や構造を捉えるためのミクロな問い**
>
> A　登場人物の心情理解に関する問い
>
> B　登場人物の関係性に関する問い
>
> C　語り手に関する問い
>
> D　語りの構造に関する問い
>
> **登場人物の心情を構造的に関連付けて捉えるためのマクロな問い**
>
> E　特徴的な表現に着目した心情の変化の問い【問い１】
>
> **主題に迫るためのマクロな問い**
>
> F　作者が最後の一文で作品を終えた理由の問い【問い２】　 探究的な課題

　学習をデザインする際，導入時に初読の感想を書かせ，「僕」の人物像に共感できるか，「僕」についてどう思うか等，生徒の経験や既有知識を引き出しておくことで，心情の読解に繋げやすくなります。本教材は中学生の頃を回想した作品であるため，生徒の共感は得やすいことでしょう。生徒一人ひとりがもつ生活経験や既有知識と照らし合わせて考えさせることによって，作品中の表現を手掛かりとしたより深い心情理解に繋がると考えられます。

　「だめなやつ」「変ったやつ」といった短絡的な読みに終始せず，表現の細部から心情を捉えるためには，まず，作品の語りの枠組み（C・D）を押さえます。

　その後，心情の変化を小説の進行に沿って理解し（A），馬への理解の変化（B）を押さえるとよいでしょう。心情理解（A）の後に，心情変化（E・【問い１】）を提示することで，今まで各場面で押さえていた「僕」の人物像や心情を一連の流れとして繋がりをもった解釈に変化させていくことができます。また，語りの枠組みをあらかじめ押さえておくことによって，過去の自分について振り返る語り手としての「僕」の心情と当時の「僕」の心情という２つの側面から「僕」の心情を捉えることに繋がり，読みの幅が広がります。

　以上の問いから導かれた読みをもとに，主題に迫る最後の一文の意図（F）を考えさせましょう。F・【問い２】は難易度が高い探究的な課題のため，生徒の実態に合わせ，「最後の一文の語り手は誰か」「話の続きを考えてみよう」等，事前に他の問いも提示するとよいでしょう。

〈参考文献〉

松本修（2015）『読みの交流と言語活動─国語科学習デザインと実践』玉川大学出版部

竹内常一（2004）「消される語り，聞きとられない語り（〈特集〉これからの文学教育の地平）」『日本文学』第53巻第8号，日本文学協会，pp.2-10

安岡章太郎「サーカスの馬」野地潤家他『中学校国語２』（平成27年検定済み）学校図書

2 「走れメロス」

（太宰治）

『走れメロス』は，教科書教材としての息も長く，現在では中学校国語教科書全社に採録されています。文語や漢語が躍動感を生み，長短入り交じったうねりのある文体や畳みかける表現が歯切れのよいリズムを生みだし，親しみやすい独特の雰囲気を醸し出しているのが特徴です。内容の骨組みは，シラーの詩『人質』から材を採ったものであり，太宰自身の体験「待たせる身の辛さ」が織り込まれていると言われています。かつては「信実」「愛と誠」「正義」という言葉から，道徳的諸価値を求める物語として読まれてきたこともありました。初読の段階では「信実と友情」についての感想が多く，「人間の心の善悪」や「メロスの人物像」を指摘する生徒は少数だと思われます。しかし，そこに留まっては，それぞれの登場人物の立場から読み取ることのできる作品の意義や，人間の心が状況と関係によって変化していくものであるといった人間の多様な側面に迫る読みは難しくなります。3日間という日限の中で，「単純な男」から「思索をもつ人物」へと自己形成していく作品構成の工夫や，作者が登場人物を介して伝えようとしているメッセージを捉えることが，文章の内容をより深く理解することにつながります。語りや終結部の一文に着目した問いの解決を通して，生徒一人ひとりの解釈がどう変容していくか，読みを交流することの意義を見いだしましょう。

作品の特徴

▶語り手の視点の移行

この作品は，「メロスは激怒した。必ず，かの邪知暴虐の王を除かなければならぬと決意した。」と，メロスを三人称で呼ぶ第三者の語り手によって語り出されます。語り手は作中人物として現れることはなく，メロスの妹を名前ではなく「妹」とのみ呼ぶことによって，メロスをいわゆる視点人物として焦点化している側面があります。この語り手は，「激怒した。」「決意した。」という表現からもわかるように，第三者でありながらもメロスの心内を覗くことができる，メロスに寄り添った語り手です。さらに，「訪ねていくのが楽しみである。」の「である。」という断定的な表現から，語り手は一部メロスの心理や意識と同化していると考えられる部分もあります。濁流を泳ぐ場面は，「獅子奮迅の人の子の姿には，神も哀れと思ったか，ついに憐愍を垂れてくれた。」の「人の子」「くれた。」という表現からメロスを少し離れたところから見守るかのようにも読めますが，泳ぎ切る頃には「ありがたい。」と，再びメロスに同化します。また，力尽きる場面では「真の勇者，メロスよ。」とメロスを励ましつつも，やがて「私は，これほど努力したのだ。」のように再び「メロス」と一体化します。つまり，語

り手はメロスの「外→内→外」というように，語る視点を移行させていくのです。このような語り方の変化によって作品は臨場感を増し，メロスへの共感を促すと同時に，読者を作品世界へと誘引する効果があります。

▶「最後の一文」への着目と空所の問い

　物語の結末を物語全体に関連付けて，意味付けすることは，「なぜこの物語が語られたのか」という物語の勘所を生徒たちが思考する契機となります。田近洵一（2013）は読みの実践的課題について，「読みの振り返りの手がかりは，物語の結末にある」と述べています。つまり，作者が，読み手に再読を促す「語りおさめ」の仕掛けを行い，作品の一貫性の形成を要求しているとも言えるでしょう。また，イーザーはそのような累積的な結びつきを〈雪だるま効果〉と名付け，その効果によってイメージが「読者の中でまとまりをもつようになる」と述べています。

　しかし，教室の授業実践の多くは山場に関わる場面での指導に力点が置かれる傾向があります。さらに，昭和初期の教科書では，終結部の少女が，緋のマントをメロスにささげ，ひどく赤面する場面が削除される[*1]ことで，終結部の仕掛けや意図について議論されることがますます減少したと考えられます。しかし，最後の一文の不自然さに着目する読みは，太宰作品を特徴づける指標になる可能性があります[*2]。

　この作品は，そもそも王はなぜ人を信じられないのか，また，「竹馬の友」「無二の友人」と形容されるセリヌンティウスは，果たしてメロスのために人質になるに値する関係であるのかなど，不完全な人物描写といった空所が多く存在します。したがって，その空所の中でも読みの交流の問いに値するものと，そうでないものをあらかじめ分類する必要があります。そこで大事な視点が，空所を埋める過程で起こる作品と読者の相互作用です。つまり，「なぜ，それを語るのか？」「なぜ，そのように語るのか？」という仕掛けに関する空所，作者との対話を促す問いであるかどうかが基本になります。最後の一文「勇者は，ひどく赤面した。」の語りは，これまで一貫して呼んできた「メロス」を「勇者」と呼び換えています。しかも，勇者らしからぬ「ひどく赤面」というギャップをもたらして作品を終えています。「なぜ，このように語るのか？」という問いが自然にわき上がるとともに，読み手に再読による一貫性の形成を促す「語りおさめ」の空所であると言えるでしょう。このように，問うべき空所を問いとして，本文を根拠に自分の読みを形成していくことが，物語の読みの学習で陥りやすい「何でもあり」という解釈を防ぐことに繋がるでしょう。

＊1　昭和37年版『新しい国語　中学三年』（東京書籍），昭和41年版『中学国語二』（大阪書籍）では，「一人の少女」の記載が削除されています。

＊2　『乞食学生』という作品では，作家と貧乏学生とのやり取りが描かれ，終結が夢であったと終わります。『トカトントン』では，ラストには作家の側からの説教が出てきて，作品を崩壊させるような終結。さらに，『人間失格』では，主人公は「神様みたいないい子でした」という言葉で終結が相対化されています。

【問い1】 語り手の視点の移行に関する問い

> 「私は，信頼に報いなければならぬ。今はただその一事だ。走れ！　メロス。」とありますが，「走れ！　メロス。」は，誰から誰へ語りかけているのでしょうか。
> また，そう考えた理由を，本文をもとに説明しましょう。

▶▶▶ ここでは，泉の水を一口飲んだメロスが希望を見いだし，信頼に報いるために再び走ろうと決意する場面での「走れ！　メロス。」という語りに関する問いについて解説します。作品の特徴のページで紹介した，「語り手の視点の移行」を中心とする問いになっています。

▶問いの意図

　「私は，信頼に報いなければならぬ。今はただその一事だ。走れ！　メロス。」という文脈における「走れ！　メロス。」は誰の声で聞こえるでしょうか。本文中の「走れ！　メロス。」が誰から誰への語りかけかを問うことで，相異なる解釈の分岐点が明確になり，多様な読みを交流し合うことが可能になります。

　例えば①メロスの自分自身への語りかけとする解釈，②語り手からメロスへの語りかけとする解釈，③語り手に同化した読み手からメロスへの語りかけとする解釈，が主に想定されます。

　改行されてはいるものの直後の「私は信頼されている。」に着目して読んだ生徒は，メロスへの直接的な感情移入をもとにした解釈をしやすくなるでしょう。それに対し，前の文章，「義務遂行の希望である。」「名誉を守る希望である。」に着目する生徒は，相対的に語り手の介在を重視し，メロスの行動を客観視する解釈に結びつきやすくなります。また，メロスの無事を祈るセリヌンティウスの語り，もしくは他の登場人物の語りであると考える生徒が出てくる可能性も想定されます。作品全体への解釈ないし感想が，どのような根拠に支えられているかを比較することができれば，交流はより具体的になり，深い相互作用が生じるはずです。

　「走れ！　メロス。」は，作品のタイトルにも「！」を除いた形で用いられています。タイトルの「走れメロス」は誰の声かと問うと，作品全体の漠然とした印象をもとに答えることとなり，作品の解釈には結びつきません。「語り手」の視点から作品構造を捉え，本文の具体的な言葉と関連させて解釈を形成させるためには，本文の「走れ！　メロス。」という部分テクストを指定して問う必要があります。

　このようにいくつかの語り手が想定される問いを検討する中で，作品を構造的に読み取り，主題に迫る深い読みも可能になるのです。文学の授業では，解釈形成とその交流がともに重視されなければいけません。複数の解釈を発見できる語りの問いは，主体的な学習を成立させ，思考を深める授業を提供することに繋がります。

▶問いに正対するための前提条件

　物語の冒頭においては，しばしば物語の状況や主人公の人物像が説明され，語り手がとる位置付けもある程度明らかにされます。

　主人公から距離を置き，客観的に状況を眺める語り手の視点を獲得させるため，事前に，冒頭の「メロスは激怒した。」という三人称の呼び方から，「私」「お前」へと呼称が変化していることを取り上げて，呼称と視点の関係性に着目させるとよいでしょう。

　また，誰から誰への語りかけかという質問が難しい場合は，音読の際に「メロス」の声で読んだ方がよい場面か問い直したり，様々な登場人物の声を当てはめて読ませたりしてもよいでしょう。さらに，映像化するとしたら，どのような視点から撮影するか，語り手の位置と関連させた問いを補うことで，生徒に語りを読む効果を実感させることができます。

▶交流で想定される反応

Ｓ１：僕はメロスが自分自身に鞭を打つような感じで，自分を励ましている言葉だと思います。負けそうな自分に，こう，一生懸命呼びかけているような。

Ｓ２：私もＳ１さんと同じ意見で，この作品だけでなく，えっと，今まで読んだ本とかに自分を励ます時とか，そういうシーンがよくあって，「私は信じられている」とか「私の命なぞは問題ではない」とかと同じように自分に対して，「走れ！」と応援しているんだと思います。

Ｓ３：私は，メロスが倒れていた近くに奇跡の清水が湧き出ていたことから，きっとメロスは何か大きな力に生かされていると感じ取って，「走れ！　メロス。」の台詞も天のゼウスや，メロスを応援する全世界の声なのではないかと思います。

Ｓ４：私は，Ｓ３さんと似ていて，メロスを応援するためには，メロスの頑張りや諦めそうになっている様子を全て見ていた語り手のような存在だと思いました。

Ｓ５：僕は直後に「私は信頼されている」とメロスが言っているから，「走れ！　メロス。」はきっと刑場で応援しているセリヌンティウスの心の声が届いたんだと思います。

Ｓ６：「彼」，「私」，などの代名詞がたくさん使われていて，それぞれの視点になって，いろいろな気持ちが見えてきました。「走れ！」と感嘆符を使うことで，音読する時にまるで自分が今，メロスを応援している，あるいは，されたような錯覚になって楽しかったです。

▶問いに至るポイント

　タイトルに関連するこの文脈は，作品全体の山場でもあり，読者が最も感情移入することが予想される場面です。また，語りの分析をする上でも語り手の言葉か，メロス自身の言葉か，

はたまた別の人物の言葉なのか，またどうしてそう読めるのか検討する必要のある箇所です。しかし，多様な解釈が想定される中でも，メロスが再び走り出すという物語の転換をドラマチックな描写で表した場面であることから，メロス自身が自分に陶酔しているかのような印象を強く受け，「メロスがメロス自身に言っている」と答える生徒も多いことでしょう。

　読者にはそれぞれ読みの方略に偏りがあります。また文章をよく読まずに安易に答えてしまうこともあるため，それを防ぐ必要があります。従って，生徒一人ひとりが無意識のうちに読み取っている「走れ！　メロス。」の声を尋ねるとよいでしょう。例えば，「誰の声で聞こえますか」とすることで，文章や文脈を分析，検討して答えるのではなく自分の頭の中に響く声に気づくことができます。今回は「誰から誰へ」とすることで，どのような思いでその言葉が投げかけられているのか，メッセージも同時に読み取らせるようにしました。

　語りに関する問いは，誰に寄り添って読んでいるのかによって，物語全体やある特定の部分の読みにどのような違いが生まれるのかを考える必要があります。教師も一読者として読みを形成していきますが，自分の読みを大切にしつつ，別の視点で読むとまた異なった解釈が可能なのではないか，という意識をもつことが大切です。作中人物への寄り添いの違いが，物語全体の解釈形成にどのような違いをもたらすのか，教材による語りの特徴を踏まえて問いづくりをしてください。

▶描出表現

　「走れ！　メロス。」は，本文中では「　」や「と」による引用の標識がありません。そのため，語り手による作中人物メロスへの内言を明示しているとも解釈できるし，作中人物メロスによる自分自身の内言の提示とも解釈できます。このように複数の解釈ができることから，典型的な描出表現（語り手を多様に解釈できる語りの表現）であると言えます。

　直前の「私は，信頼に報いなければならぬ。今はただその一事だ。」は，「私は」という一人称が主語となっており，「ならぬ」という私自身の強い意志を表すモダリティ表現，「ただ」という副詞，「今は」という直示的な表現によって，作中人物メロスの心中思惟そのものが引用表示なしに提示されている自由直接表現と把握できます。この部分は，当然，メロス自身の語りと読むことができますが，「走れ！」という命令表現からは，自分自身に対する表現だけでなく，第三者的な語り手からの励ましや応援という受け止め方も可能となるでしょう。

　また，描出表現は標識となる表現のみで判断するのではなく，前後の関係する表現を複合的に判断することも必要になります。「走れ！　メロス。」の前に描かれる，「肉体の疲労回復と共に，僅かながら希望が生まれた。義務遂行の希望である。我が身を殺して，名誉を守る希望である。」というメロスの説明や，「斜陽は赤い光を，木々の葉に投じ，葉も枝も燃えるばかりに輝いている。日没までには，まだ間がある。」などの情景描写に関しても，その部分を誰の言葉として読んでいるか，また「私は，信頼に報いなければならぬ。…」との照応関係をど

程度認めるかによって，

①いずれも自由直接表現と捉え，作中人物メロスの心中思惟とする考え方

②いずれも語り手による超越的な立場からの作中人物の心情に関する説明，および情景描写とする考え方

③前半を説明とし，後半を自由直接表現とする考え方

などの多様なバリエーションが生じます。

▶ 「読みの交流を促す〈問い〉の要件」の充足

要　件（▶理由）	充足
a　誰でも気がつく表現上の特徴を捉えている ▶タイトルにもなっている「走れ！　メロス。」という言葉に着目させており，テクストの表現上の特徴に着目する問いになっています。	○
b　着目する箇所を限定している ▶山場の文脈に限定した問いであり，着目する言葉を指定しています。	○
c　全体を一貫して説明できる ▶「　」が無いため，直前の文や情景描写と関連付けながら読むこととなり，一貫した説明が可能となる問いです。	○
d　いろんな読みがありえる ▶語り手の寄り添いの度合いや，描出表現をどのように読み取ったかで，語り手の言葉，メロス自身の言葉，別の人物の言葉など，様々な読みが可能となります。	○
e　その教材を価値あるものとする重要なポイントにかかわっている ▶作品の山場に関わる問いですが，主題に直接関わるものではなく，作者との対話を可能とするテクストの勘所とは言えません。	△

▶交流後の解釈例

　「走れ！　メロス。」という台詞は大きく分けて，語り手に寄り添って作中人物を相対化する読み方と，作中人物メロスに寄り添う読み方との２通りの読みを可能にします。また，生徒の中にはメロスとセリヌンティウスの友情はある種の理想であると冷静な見方をする人もいるでしょう。「ついてこい！　フィロストラトス。」の場面では，フィロストラトスのようにメロスに取り残される者から，熱い感動や共感によりメロスに同化しメロスの疾走と共に作品を駆け抜けて読んでいく者まで，反応の仕方にはかなりの幅が予想されます。

一方で「信実」という大義のために走ることは，人間の可能性を証明する走りとして考えられます。さらに「黒い風のように走った。」「十倍も速く走った。」という誇張された描写によって，メロスの走りを外から捉えるカメラレンズの視点にも気づかされます。読者はメロスに同化しつつも，メロスの視点だけに焦点化した読みができないことにも気づいていきます。メロスを俯瞰する超越的な語りの視点を得ることになるのです。

　このように，語り手の「視点の移行」という概念を獲得し，読解に活かすことで，いくつかの解釈が可能になります。

解釈例1 「メロスがメロス自身に語りかけている」

　前の文で「私は，信頼に報いなければならぬ。」と言っており，後続の文にも「私は信頼されている。」とあるので，メロスがメロス自身に言っていると考えました。

解釈例2 「物語全体の語り手がメロスに語りかけている」

　前の文に，「斜陽は赤い光を，木々の葉に投じ，葉も枝も燃えるばかりに輝いている。」と登場人物ではない語り手の視点で説明している部分があり，「走れ！　メロス。」も語り手がメロスに声援を送っていると考えました。

解釈例3 「物語を読む読者全体の声がメロスに語りかけている」

　読んでいる自分自身がいつの間にか感情移入してメロスに同化して走っているように感じられるので，読者がメロスを励ましていると考えました。

解釈例4 「ゼウスがメロスに語りかけている」

　作品でゼウスに哀願するシーンや「神々も照覧あれ！」という言葉があることから，メロスの思いを受け止めた神が，メロスを励ましていると考えました。

解釈例5 「刑場で待っている友のセリヌンティウスがメロスに語りかけている」

　直後に「私は信頼されている。」とメロスが言っているが，それはセリヌンティウスのことを言っていると思うので，メロスを強く信じるセリヌンティウスの心の声だと考えました。

【問い2】 作品の空所，作者の意図に関する問い

> 「一人の少女」の登場にはどんな意味があるのでしょうか。
> また，最後の一文を「勇者は，ひどく赤面した。」とした作者の意図を考えましょう。

▶ ▶ ▶ ここでは，終結部分についての作者の意図を考え，作品全体を一貫性のあるものとして読み，作品構成から主題に迫るための問いについて解説します。作品の特徴のページで紹介した，『最後の一文』への着目と空所の問い」になっています。

▶問いの意図

　「一人の少女」の登場の意味や，「勇者は，ひどく赤面した。」で話を結んだ作者の意図は何か，という問いは，答えを考える過程で作者との対話が促され，生徒個人が作中人物や作品そのものをどう意味付けているかを明らかにします。

　例えば，メロスの「間に合う，間に合わぬは問題でないのだ。」という言動を批判的に捉え，「人の命がかかっているのに，間に合わぬは問題でないと言うのは自分勝手だ。」と解釈する生徒は，勇者として表現されているメロスの行動を自分なりに評価していると言えるでしょう。また，作品の結びについて，「最後はメロスの人間らしい一面が見られたと思う。勇者としては少し恥ずかしい風貌を客観的に指摘されたことから，完璧な人間など存在しないという作者のメッセージが伝わってくる。」と読む生徒は，作品そのものを自分なりに意味付け，「なぜこの物語は語られたのか」という物語の勘所を思考していると言えます。

　作品の末尾や空所という仕掛けに気づき，読み解く方略の獲得は，教科書教材だけに留まらず，生徒たちの今後の主体的な読書活動にも活かされます。作者の仕掛けに迫る読みは，読書をより楽しいものにしてくれるでしょう。また，人物像や登場人物の相互関係への着目は，作品展開や作品構造への視点をもたせてくれます。本作品は，メロスの心情を表す描写で終結することから，続き物語を作成する活動も考えられます。しかし，作品のクライマックスの後のストーリー展開は，それまでの内容を受けて作品の一貫性をもたせる必要が薄くなり，もう一つの新たな物語を創作しても許されることになります。従って続き物語としてではなく，このような作品の結末を選択した意図を問うことで，作者との対話を促し，作品の意味付け，価値付けをすることとなり，より深い読みに繋がると考えられます。

　また作品の構成に着目することは，メロスに寄り添った読みから導かれる，友情と信頼という一元的な価値観だけではなく，生徒一人ひとりが作品を多角的に読み取り価値付ける，学習のまとめとしての役割も担っています。少女がささげた緋のマントは，人間の信実のために裸体で走り続けた勇者を，再び一人の単純な男に戻す効果をもちます。セリヌンティウスの言葉

で初めて自分の風体に気づき，赤面するという設定によって，現在形の文末の連続により臨在性と緊張感を与えていた刑場に，温かみのある余韻を生み出す効果も感じられます。

▶問いに正対するための前提条件

　一人の少女の登場の意味や，末尾の一文の意図を考える上で，事前に，最終場面に登場する王とメロスの関係性や，赤や緋色の象徴性について押さえておく必要があります。

　生徒の中には，王は人を疑ったり人を信じられるようになったりと，一番変化が大きい人物であると，魅力ある対役としての王の存在を指摘するものがいます。王の言動から人となりを見いださせるだけでなく，正義感にあふれ「友情と信頼」のために弱さに打ち勝ったメロスの視点と，「孤独の心」「人の心は，当てにならない。」という王の視点の双方に寄り添わせ，それぞれの立場でのものの認識の仕方や人物像の変化を確認させる学習を展開することで，メロスと王を「正義と悪」という単純な対立構造で捉えるだけでなく，エコイズムに見られる人の弱さなど，どことなく似たもの同士という関係性を捉えることも可能になるでしょう。

　また色の象徴性については，「斜陽は赤い光を，木々の葉に投じ，葉も枝も燃えるばかりに輝いている。」「塔楼は，夕日を受けてきらきら光っている。」「メロスは胸の張り裂ける思いで，赤く大きい夕日ばかりを見つめていた。」「日は，ゆらゆら地平線に没し，まさに最後の一片の残光も，消えようとした時…」の４箇所を読み返し，「希望」や「勇者」を象徴する心象風景の描写であることに気づかせるとよいでしょう。

　メロスとの出会いの場面で「顔は蒼白」だった王が，最終場面で「顔を赤らめて」仲間に入れてほしいと懇願した描写と，約束を果たしたメロスが最後に緋のマントを差し出され「赤面した」描写に着目させ，「赤」色が人間的感情を取り戻す際に共通して用いられていることに気づかせることも必要になるでしょう。このように，今までの「赤」に関わる描写を振り返らせながら，「なぜ，緋のマントなのか？」と緋色の象徴性を考えさせると，少女の登場の意味を考えるヒントとなります。

　教師が問いに正対するための前提条件として，作品の直接の題材になった，『新編シラー詩抄』所収の「人質」という詩についての知識を持っておくことも必要です。

　原典であるシラーの詩『人質』との相違点について，髙根沢紀子ら（2018）は「話の流れはほぼ変わっていないものの，フィロストラトスが忠僕から石工へ変更されたこと，冒頭場面，走ることを放棄する場面，ラストの頬を打ち合う場面と少女が緋の衣をささげる場面の加筆」がある点を上げ，もし，『人質』との比較が，『走れメロス』読後の共感や感動をかえって薄れさせ，作品の魅力を損なうことを助長するのならば，慎重に扱うべきであるという立場を示しています。

　授業では，「『一人の少女』の登場の意味」を考えさせる場面で，原典であるシラーの詩『人質』には「一人の少女」が登場しないことについては軽く触れる程度に留め，「原典にはない

人物を加筆したのはどんな意味があるのか」という作者との対話を促す学習デザインを考えておくとよいでしょう。

▶交流で想定される反応

S1：私は緋のマントをささげる少女を登場させることで，単なる友情物語ではない一面を描き，作者はいろんな読み方ができるようにすることで多くの読者を獲得したかったんだと思います。

S2：私もS1さんと似ていて，切りのいいところで話をすっかり完結させてしまうのではなく，一人の少女という新たな登場人物を出して，あたかも恋の芽生えのような雰囲気を漂わせたと思います。このあと，少女とメロスの物語の第2幕が始まるような印象をもちました。

S3：僕は，もし「万歳，王様万歳。」で終わったら，この作品が王様の物語のような印象で終わってしまうと思いました。また，王様がすぐに仲間に入れてほしいと言うのも，少し身勝手すぎると思います。そんな王様を少しわきに置いて，勇者であるメロスにもう一度注目させたかったのだと思います。

S4：フィロストラトスに対し，「間に合う，間に合わぬは問題でないのだ。」と言っているのは，友の命を考えずに自分のために走っている勇者らしくない発言だと感じました。だから，最後は勇者じゃないという印象を与えるために，かっこ悪い終わり方にしているのだと思います。

S5：作品の冒頭に，「メロスには父も，母もない。女房もない。十六の，内気な妹と二人暮らし」でその妹も嫁に行こうとしているとあります。また，婿には「メロスの弟になったことを誇る」ように伝えていたから，立派な勇者よりむしろ，普通の兄でいてほしいという妹の気持ちが表現されているのだと思いました。また，冒頭の素朴なメロスの姿に戻ることで，違和感を感じさせないようにしているのかとも思いました。

▶問いに至るポイント

　文学教材の問いの着眼点として，登場人物の役割や，最後の一文への着目が挙げられます。作者が作品に込めた思いやメッセージが，それらには込められているからです。

　例えば生徒たちは，少女がマントをささげたことや真の勇者であるはずのメロスが赤面する終結部を，どのように感じ取るのでしょうか。王の懐疑が消え，友情と信実が勝利する，幸福な終結にもかかわらず，作者は意図的に少女を登場させ，作中では些細な事とも言える裸体への指摘をするのです。これらの感情は本来，「万歳，王様万歳。」の声や「もっと恐ろしく大きいもの」にかき消されてしまってもおかしくありません。授業終盤で「メロスを復活させたものは何ですか？」や「もっと恐ろしく大きいものとは何ですか？」という問いを投げかけるこ

とがありますが，これらの問いだけでは主題に迫ることはできないことがわかります。

　つまり，終結部においては，単なる「友情と信頼の物語」以外の主題を，問いを通して探させる必要があるのです。メロスが葛藤する場面では，「勇者に不似合いなふてくされた根性」や「独りよがりで投げやりな態度」といった，大きい世界から比べると些細な感情に飲み込まれていました。しかし，「信実」の存在を証明した終結部では，群衆の歔欷（きょき）の声や「万歳」の歓声で個人の内面はごく小さなものとなり，世界という大きいものに同化しているのです。その相対化された記述から，人間の弱さに気づかせることが，作者の終結部の仕掛けを捉えることになります。

　一人の少女の登場や，「勇者は，ひどく赤面した。」を問いにする際，マントをささげた理由や赤面の理由は，直前のセリヌンティウスの言葉により明らかです。従って，「なぜマントをささげたのか」「なぜ赤面したのか」といった行動の理由を問うのではなく，「少女を登場させた意味」といった登場人物の役割や，「最後の一文の意図は何か」といった作者のメッセージの読み取りができるような問いを設定します。

▶描出表現

　ここでは，最後の一文「勇者は，ひどく赤面した。」について分析します。

　最後の一文では，三人称「メロス」という呼称が「勇者は」と一般化されています。そこからは「邪悪に対しては，人一倍に敏感」「のんきなメロス」「単純な男」などと同様，メロスが自身を語っているとは考えにくく，メロスに寄り添いながら語る第三者の語り手の存在が認められます。また「赤面した」というタ系列の表現は，過去を表すというより，語り手の判断を示し，説明していると捉えることができます。

▶「読みの交流を促す〈問い〉の要件」の充足

要　件（▶理由）	充足
a　誰でも気がつく表現上の特徴を捉えている ▶作品の結末の一文に着目させており，冒頭の「メロスは激怒した。」と同じ文法構造をとっており，テクストの表現上の特徴に着目する問いになっています。	○
b　着目する箇所を限定している ▶最後の一文に限定した問いであり，着目する言葉を指定しています。	○
c　全体を一貫して説明できる ▶冒頭「メロスは激怒した。」との表現の類似，素朴な若者に戻る設定，超越的な語り手による説明的な語りなどをもとに，作品全体を通して一貫した説明が可能になります。	○

d　いろんな読みがありえる ▶最後の一文の意図を問う事で，作者との対話が促され，複数の解釈が可能になります。	△
e　その教材を価値あるものとする重要なポイントにかかわっている ▶原典，シラーの「人質」には描かれなかった最後の一文の意図を考えることで，この作品の価値を読み取ることができます。	○

▶交流後の解釈例

　この作品は，語り手も含めて，それぞれの登場人物の視点で多面的に物語を解釈できる構成になっています。困難を乗り越え，疾走するメロスの自己実現の過程を捉えることで，人物それぞれに感情移入がしやすく，主題の多様さが許容されるのです。

　「一人の少女」の登場の意味については，「交流で想定される反応」を参照ください。

　ここでは，最後の一文の作者の意図について，解釈例を示します。

解釈例1

　英雄的なメロス像で終わらせるのではなく，羞恥心をもった普通の若者としての一面を見せることで，より親しみやすい，人間らしい姿を読者に示すため。

【人間らしい一面を与える効果】

解釈例2

　メロスはここへ来るまでに「ほとんど全裸体」になっていたが，メロスの視点で語られる疾走の場面ではなく，信実の存在を証明し一息ついた場面で，改めてそのことを読者に思い出させることで，暖かみのある笑いや余韻を生じさせるため。

【暖かみや余韻を残す効果】

解釈例3

　最後の「勇者は，ひどく赤面した。」という一文が，作品冒頭の「メロスは激怒した。」という一文と対を成していて，メロスの変化や成長，また変わらない素朴な人柄を端的に表すため。

【冒頭との対比を意識させ再読を促す効果】

単元の学習デザイン

※第2時は，生徒の実態にあわせ，1つを選択し提示します。

時	分類	問い	見方・考え方
1	ミクロ	©D 登場人物や表現の工夫で気づいたことをあげましょう。 F 「『走れメロス』とは，○○の話である。」という題で短い文章を書きましょう。（ミニマル・ストーリーの作成）	
2	ミクロ	©A 「メロスは激怒した」理由を読み取りましょう。 また，誰の声で言っているように聞こえますか？	心情描写 語り手
2	ミクロ	A 語りの基本構造を確認しましょう。 B 「塔楼は，夕日を受けてきらきら光っている。」とありますがこの情景は誰の目で見たものでしょうか。また，そう考える理由も書きましょう。	語り手 視点人物（知覚の起点）
3	ミクロ	BC F メロスと王の人物像がわかる箇所を抜き出し，「メロスはこんな人」「王はこんな人」とまとめましょう。 B F メロスと王の性格の類似点を考え，交流しましょう。	人物像 視点人物 心情描写
4	マクロ	E 「私は，信頼に報いなければならぬ。今はただその一事だ。走れ！メロス。」とありますが，「走れ！　メロス。」は，誰から誰へ語りかけているのでしょうか？　また，そう考えた理由を，本文をもとに説明しましょう。【問い1】	語り手
5	マクロ	E F 【問い1】について，グループで考えを交流しましょう。 ・自分に欠けていた視点をまとめましょう。 ・他者の考えについて感想や疑問を提示して，なぜそう考えたのか話し合いましょう。 ・交流後，改めて【問い1】について自分の考えをまとめましょう。 ・第1時のミニマル・ストーリーと，【問い1】の読みを比べ，関連性を考えてみましょう。	語り手
6	マクロ	F G 「一人の少女」の登場にはどんな意味があるのでしょうか。また，最後の一文を「勇者は，ひどく赤面した。」とした作者の意図を考えましょう。【問い2】	登場人物の役割 作者の意図・仕掛け　空所
7	マクロ	F B G 「私は『走れメロス』をこう読んだ」という題で，この作品が伝えるメッセージをまとめましょう。 ・根拠となる表現とその解釈を書きましょう。 ・影響を受けた友達の意見にも触れましょう。	主題 価値付け

❶単元で働かせたい見方・考え方

　語り手と視点人物を区別し，様々な視点で登場人物の人物像や，心の揺れ動きを捉える。

❷問いの組み合わせと学習デザイン

> **作品内容や構造を捉えるためのミクロな問い**
>
> 　A　冒頭部を中心とした語りの構造理解に関する問い
>
> 　B　多様な視点からの捉え直しに関する問い
>
> 　C　心情変化とその原因に関する問い
>
> 　D　作者の表現の特色に関する問い
>
> **主題に迫るためのマクロな問い**
>
> 　E　「走れ！　メロス。」の語り手に関する問い【問い1】　探究的な課題
>
> 　F　それぞれの登場人物の役割や人物像に関する問い【問い2】　探究的な課題
>
> 　G　終結部分の作者の意図に関する問い【問い2】　探究的な課題

　話し合いを意味あるものとするためにも，考えが充分形成され，語るべき内容を持ち，交流時に色々な解釈に出会えることが要請されます。そのために初めに登場人物や表現面で気づいたことを挙げさせ（C・D），ミニマル・ストーリーで作品のあらすじを捉えさせる（F）必要があります。続いて，冒頭部を中心とした語りの構造の把握（A）や，誰の視点による情景描写か（B）を問い，語りと視点人物を区別させることが望まれます。さらに視点を変えて読む（B・F）ことで，出来事や心情変化とその原因（C）を押さえ，多面的で複雑な人間理解をさせるとよいでしょう。メロスの内面の揺れや葛藤，苦悩，変化を読み取ることで，自分の解釈をメタ認知する力がつき，安易な解釈の乗り換えが抑制されます。これらの方略を活用し，語りの側面に着目した個々の読みを交流する学習（E・【問い1】）を組み，作品構造と多様な解釈の関連に気づかせます。語りの構造の把握は，文脈を検討する際の判断材料となり，作品全体に関わる解釈の検討に欠かせない問いです。以上の問いにより導かれた読みをもとに，主題に迫る「一人の少女」の登場の意味（F）や最後の一文の意図（G）など探究的な問い（【問い2】）について考えさせましょう。

〈引用・参考文献〉

松本修（2006）『文学の読みと交流のナラトロジー』東洋館出版社

田近洵一（2013）『創造の〈読み〉新論—文学の〈読み〉の再生を求めて』東洋館出版社

三根直美（2018）「変化，対比に着目した文学的文章の読み解き方」『中等教育研究紀要』64号，広島大学附属中・高等学校

髙根沢紀子・吉田愛理（2018）「太宰治「走れメロス」の読まれ方：研究と教育のあいだ」『立教女学院短期大学紀要』50巻，立教女学院短期大学

桃原千英子（2009）「読みの交流による『走れメロス』の授業実践」全国大学国語教育学会秋田大会実行委員長　阿部昇編集『国語科教育研究第116回　秋田大会研究発表要旨集』全国大学国語教育学会

太宰治「走れメロス」野地潤家他『中学校国語2』（平成27年検定済み）学校図書

3 「握手」
（井上ひさし）

『握手』は，ルロイ修道士とかつてその児童養護施設にいた「私」との心の交流が描かれる小説です。作品を通じて，語り手である「私」が幾つかの時間を行き来します。天使園で過ごした「あの頃」に戻って語ったり，上野での再会の時間に戻ったりを繰り返しながら，最後の場面では，ルロイ修道士が亡くなって間もなく一周忌の時点からルロイ修道士の葬儀の場面が回想され，語りの現在が物語の現在からは離れた時点から語られていることがわかります。このように，『握手』には，途中に回想が挟まれる「入れ子構造」という特徴があります。

これまでの授業は，どちらかといえば，作品構造よりもルロイ修道士の人柄についてまとめることが多かったように思います。しかし，「ルロイ先生のやさしさ」という主題にまとめることは，『握手』が持つ読みの可能性を狭めてしまっているとも言えます。

授業では，語りの構造をどのように捉えるか，そして，「天使の十戒」「握手」「指文字」「両手の人差し指を交差させ，打ちつけるしぐさ」の持つ意味を読み取ることが必要です。なぜならば，それらが絡み合って生徒の読みが形成されていくからです。そういった読みの過程を交流することの意義を見いだしてみましょう。

作品の特徴

▶語りの構造

『握手』にはいくつかの時間が存在します。「天使園にいた時」「ルロイ修道士と『私』が上野で再会した時」「ルロイ修道士の葬儀の時」「ルロイ修道士が亡くなってから間もなく一周忌になろうとする時」の4つです。

小説の冒頭では，ルロイ修道士と「私」が上野で再会し食事をしているといった場面設定がなされます。この上野での再会の場が「物語の現在」として，天使園にいた時の出来事を回想しながら話が展開しています。しかし，作品の結末では，ルロイ修道士が亡くなって間もなく一周忌になる時点から，葬儀の時が回想されています。一周忌となる現在が，実は「語りの現在」となっているのです。そうすると，語りの現在における「私」は，上野での再会を回想する時点では既にルロイ修道士の病気や再会の目的をわかっていたことになります。しかし，食事の場面では，当時の「私」が持ち得ている情報以外は描かれません。

『握手』は，自然に回想シーンが始まり，再び現在の場面に戻るため，読者は「私」の視点や思考に寄り添いながら読み進めることになります。そのため，どの時点の「私」が語っているのかが，一読の段階ではわかりにくい物語ではあります。結末に明かされるルロイ修道士の

死によって，読者は再び作品冒頭を読み直すといった，まさに再読を促す仕掛けが効果的に活かされた小説なのです。再読時にどの時点の「私」に寄り添って読むのかは，読者自身に任されています。ストーリー展開に則して，その時その時の「私」の語りと読むのか，「語りの現在」と「語られる現在」を分けて語りを捉えるのかは，読み手一人ひとりにゆだねられており，どの時点の「私」に寄り添って読むかによって，読みに違いが生まれるのです。

▶モチーフ

『握手』には，「握手」「指言葉」「両手の人差し指を交差させ，打ちつけるしぐさ」といったモチーフを見ることができます。

物語を通じて，「握手」という行為は3回出てきます。天使園にいた頃，上野で再会した時，上野での別れの時です。天使園にいた頃の握手では，万力よりも強い握力にルロイ修道士が温かく「私」を迎え，安心させようとしている思いを読み取ることができます。上野での再会時の握手では，かつての力強さはなく，穏やかな握手がルロイ修道士の衰えを表しています。またルロイ修道士の助けを必要としない成長した「私」の姿をも読み取ることができるでしょう。別れの握手では，足りずにルロイ修道士の腕を激しく振る「私」や，「痛いです」というルロイ修道士の姿など，お互いの立場が，出会いの時とは逆転している様が描かれます。そこには，「私」のルロイ修道士の精神を受け継ぎしっかり生きていくという意思の表明，死にゆくルロイ修道士への激励や感謝，愛情を読み取ることができます。

また，「指言葉」には，「右の人差し指をぴんと立てる指言葉」「右の親指をぴんと立てる指言葉」「右の人差し指に中指を絡めて掲げる指言葉」が出てきます。右の人差し指をぴんと立てる指言葉は「こら。」「よく聞きなさい。」という意味，右の親指をぴんと立てる指言葉は「分かった。」「よし。」「最高だ。」「よろしい。」という意味，人差し指に中指を絡めて掲げる指言葉は「幸運を祈る。」「しっかりおやり。」という意味があり，それぞれ園児たちとの間に安定して意味が共有されていたことがわかります。

一方，「握手」や「指言葉」と少し異なるのが，「両手の人差し指を交差させ，打ちつけるしぐさ」です。天使園の子供たちは「お前は悪い子だ。」という意味で受け取っていましたが，再会の場面では笑いながらそのしぐさをしており，再開時におけるしぐさを「お前は悪い子だ。」という意味だけで捉えるわけにはいかないようです。そもそもルロイ修道士にとって，天使園にいた頃の人差し指を交差させて打ちつけるしぐさは，「癖」として現れる無意識のものであったと言えるでしょう。そこには，禁止，否定，自己抑制，自己打擲など様々な意味を読み取ることができます。

このような「癖」が無意識のうちに「私」に継承されていることが重要であり，葬儀の場面における「私」の行動の意味をどう考えるか，その違いこそ，この物語をどのように読んだのか，個々の読みの違いとなって明らかになるはずです。

【問い１】　語りに関する問い

「これは危険信号だった。この指の動きでルロイ修道士は，「お前は悪い子だ。」とどなっているのだ。」は，誰の声で聞こえますか。それはどうしてですか。

▶ ▶ ▶ 　ここでは，天使園での出来事について，どの時点の「私」に寄り添って読んでいるかを明らかにするための問いについて解説します。作品の特徴のページで紹介した，「語りの構造」に関する問いになっています。

▶問いの意図

　語りの観点から作品を読むことで，生徒自身が，大人になった「私」，子供の時の「私」の，どちらに寄り添って読んでいるかを考え，交流を通じて，自己の読みに自覚的になることを意図しています。

　この箇所を含めた周辺の部分では，無断で天使園を抜け出し東京へ行った「私」に対してルロイ修道士が平手打ちをした時のことが描かれています。指定した箇所は，大人になった「私」の視点から語られているようにも，当時，高校二年だった「私」の視点から語られているようにも読むことができます。

　前後の文脈に見られる表現も含めて丁寧に読んでいくことで，自分がどのような表現に注目しながら語り手を捉えているか考えさせます。そして，交流を通して根拠を説明し合う中で，大人の「私」，子供の「私」のどちらに寄り添って読んでいるか，自分の読みを自覚することができます。自分のどのような読みの傾向によって，物語全体の読みを形成するに至ったのかを考えるヒントになるはずです。

▶問いに正対するための前提条件

　「誰の声で聞こえるか」に答えるものなので，事前に特別な学習をしておく必要はありません。自分の頭の中に響いた声が誰の声なのか出し合うことで，語りのバリエーションを知ることができるでしょう。しかし，学習者の実態においては，語りの全体構造を把握しておくことも必要になります。冒頭や末尾の部分から時間構造を確認し，文末表現などを取り上げながら，気づいたことを自由に挙げさせて，クラス全体で考えていくといいでしょう。

▶交流で想定される反応

Ｓ１：僕は，「だった」とか「いるのだ」とかそういう表現がなんか説明っぽくて，大人の「私」の声かなって思いました。

S2：でも，前の文には「脳裏に浮かぶ」ってあって。なんか，「これは危険信号だった。この指の動きでルロイ修道士は，「お前は悪い子だ。」とどなっているのだ。」は，脳裏に浮かんだ内容が書かれていて，少年「私」の経験談なのかなって思った。

S3：私も，「そして 次にはきっと平手打ちが飛ぶ。」って表現が近くにあるけど，実際にぶたれているんだよね？　なんか「これは危険信号だった。この指の動きでルロイ修道士は，「おまえは悪い子だ。」とどなっているのだ。」も当時の「私」の心の中を書いているような気がするけどな。

S1：わかるけど，説明っぽいし，それにこの部分は，上野での再会の場面の「私」が思い出しているんでしょ？

▶問いに至るポイント

　語りに関する問いの場合は，作中人物や語り手への寄り添いの度合いによって，物語全体やある特定の部分の読みにどのような違いが生まれるのかを考える必要があります。教師も一人の読者として読みを形成していきますが，自分の読みとはまた異なった読みもあるのではないか，という意識をもつことが大切です。

　実際には，作中人物への寄り添いの違いが，物語全体の読みの形成にさほど影響のない場合もあります。教材による語りの特徴を踏まえて問いづくりをしてください。

　「握手」の場合で言えば，どの時点の「私」に寄り添って読むのかによって，読みが異なってくるので，有効な問いであると言えます。

　「握手」は，いくつかの時間を行き来する「私」という語りの特徴があります。それを生かして，大人の「私」と少年の「私」，どちらとも読める箇所を探していきましょう。さらに，指定した部分だけなく，周辺の文にも目を向け，できるだけ叙述の表現を用いて説明がしやすいところを見つけます。最後に，読みの交流を促す〈問い〉の要件に照らし合わせて確認をします。

　語り手は誰かを直接問う方法もありますが，誰の声で聞こえるかを問うことで，自分が無意識のうちにどう読み取っているのか，それは自分がどのような読みの方略を用いているからかに気づくことができます。それぞれの頭の中に響いた声を出し合うことで，語り手の概念や，作品の語りの構造を知ることが可能になるでしょう。

▶描出表現

　描出表現は前後の関係する表現要素を複合的に判断することになるため，問いの当該文だけでなく，近傍の文に含まれる場合もあります。問いの前後の文の語りの分析は，以下のようになります。

①ルロイ修道士の，両手の人差し指をせわしく交差させ，打ちつけている姿が脳裏に浮かぶ。②これは危険信号だった。③この指の動きでルロイ修道士は，「お前は悪い子だ。」とどなっているのだ。④そして次にはきっと平手打ちが飛ぶ。⑤ルロイ修道士の平手打ちは痛かった。

　作品中，ルロイ修道士は「ルロイ修道士」または「ルロイ先生」と呼ばれています。「ルロイ先生」は，天使園の頃の「私」や再会の場面の「私」がルロイ修道士を呼ぶ際に使われており，親しみを込めた呼び方と言えます。引用部①③⑤の「ルロイ修道士」という正式な呼称は，通常の会話で使われる事は少なく，出来事を後から解説しているように読めます。

　また①の「脳裏に浮かぶ」はＡ発話・思考を意味する表現であり，その思考内容として②③④と，④により想起される⑤が続きます。少年の「私」から提示されているとも，大人になった現在の「私」の回想とも捉えることができます。

　補助的な表現では，②「危険信号だった」⑤「痛かった」という文末の言い切りの形（述語＋タ），③「のだ」の助動詞などによる断定の表現，④「次には」というＡ時間の表現，④「きっと」というＢ推量をあらわすモダリティの表現，④「飛んでくる」というＡ方向の表現があります。④の「きっと」という言葉に臨在性を強く感じた場合，②③も少年「私」からの提示と見なすことができます。

▶ 「読みの交流を促す〈問い〉の要件」の充足

要　件（▶理由）	充足
a　誰でも気がつく表現上の特徴を捉えている ▶指の動きの意味を示す箇所に着目させており，テクストの表現上の特徴に着目する問いになっています。	○
b　着目する箇所を限定している ▶指を交差させ打ちつける動作の意味が記される箇所に限定した問いであり，着目する箇所が指定されることで，読みのリソースの共有がされています。	○
c　全体を一貫して説明できる ▶誰の声で聞こえるかという問いは，冒頭や末尾，また他の箇所の語りの構造を関連付けながら一貫した説明が可能となります。	○
d　いろんな読みがありえる ▶どの表現を根拠とするかで，大人の「私」，少年の「私」などの読みが可能になります。	○

e　その教材を価値あるものとする重要なポイントにかかわっている 　　▶繰り返される「両手の人差し指を交差させ，打ちつけるしぐさ」が，天使園にいた当時，どのような意味として理解されていたかに関わる点では重要です。 　　誰の声で聞こえるかは，作品全体の語りの構造を捉える上でも重要ですが，作者との対話を可能にし，作品を価値あるものとする問いとは言えません。	△

　語りに関する問いは多様な読みを促すため，比較的，問いの要件を満たしやすくなります。問いの要件 e については，生徒のこれまでの学習経験によるところが大きいのですが，作品の価値付けと言うよりも，自分の読みのメタ認知が可能になる問いと言えます。

▶交流後の解釈例

　大人の「私」の声，少年の「私」の声，の二通りの声が可能になります。誰の声で聞こえたのかとその理由を交流し，自分の読みのあり方に気づくことが大切です。

解釈例1

　「危険信号だった」，「どなっているのだ」という文末表現から，上野での再会場面における「私」が天使園の頃の出来事を回想して，そのしぐさの意味を説明していると思いました。
　交流の中で，ルロイが「ルロイ修道士」と呼ばれているという意見がありました。「ルロイ先生」に比べて，ちょっと距離のある呼び方で，大人の「私」の声が聞こえるという自分の意見が強くなりました。

解釈例2

　後の文の「そして次にはきっと平手打ちが飛ぶ。」は，「次には」や「きっと」，「飛ぶ」という表現によって，今，経験しているような緊迫感が感じられました。
　ここから影響を受けて，「これは危険信号だった。この指の動きでルロイ修道士は，「お前は悪い子だ。」とどなっているのだ。」も，少年である「私」の経験ではないかと思いました。たしかに「危険信号だった」「どなっているのだ」というのは説明っぽいのですが，だからといって大人の「私」とは言い切れないんじゃないかと思いました。

> 「葬式でそのことを聞いた時，私は知らぬ間に，両手の人差し指を交差させ，せわしく打ちつけていた。」は，誰（何）に対する，どのような気持ちを表しているでしょうか。

▶▶▶ ここでは，終結部での「私」の「両手の人差し指を交差させ，打ちつけるしぐさ」がどのような思いの表れによるものなのかを考える問いについて解説します。作品の特徴のページで紹介した，「モチーフ」に関連する問いになっています。

▶問いの意図

生徒がどのようにこの物語を読んだかを明らかにし，自己の読みをメタ認知しようとするものです。

「両手の人差し指を交差させ，打ちつけるしぐさ」は，禁止，否定，自己抑制，自己打擲など様々な意味を読み取ることができます。加えて，そのしぐさが示す意味は，誰（何）に向けられたものであるのかも様々に考えることができます。

ルロイ修道士の癖として，他の箇所にも出てくる「両手の人差し指を交差させ，打ちつけるしぐさ」と比較したり，表現に則して理由を考えたりすることで，作品全体を通して形成された読みの見直しを図ることができます。

また，個人で考えた後に，解釈や根拠を説明し合う交流活動を設定することで，自分の読みとは異なる解釈を知り，自己の読みの方略に自覚的になることを意図しています。

▶問いに正対するための前提条件

「両手の人差し指を交差させ，打ちつけるしぐさ」は，作品を通して3回，繰り返されます。「指」というモチーフ，それぞれの表現に込められた意味や，その時の心理を事前に捉えておくことが必要になります。

①ルロイ修道士の，両手の人差し指をせわしく交差させ，打ちつけている姿が脳裏に浮かぶ。これは危険信号だった。この指の動きでルロイ修道士は，「お前は悪い子だ。」とどなっているのだ。そして次にはきっと平手打ちが飛ぶ。ルロイ修道士の平手打ちは痛かった。

②「準備に三か月はかかりました。先生からいただいた純毛の靴下だの，つなぎの下着だのを着ないで取っておき，駅前の闇市で売り払いました。鶏舎から鶏を五,六羽持ち出

して焼き鳥屋に売ったりもしました。」

　ルロイ修道士は改めて両手の人差し指を交差させ，せわしく打ちつける。ただしあの頃と違って，顔は笑っていた。

　①は【問い1】の発問箇所です。「両手の人差し指を交差させ，打ちつけるしぐさ」は，「これは危険信号だった。この指の動きでルロイ修道士は，「お前は悪い子だ。」とどなっているのだ。」と語られています。これは，右の人差し指や親指をピンと立てる癖が，「こら」や「分かった」の代わりの言葉であると説明されているのとは異なり，当時の園児たちの解釈であり，子供の側から見た場合のサインということしか示されていません。また②では「ただしあの頃と違って，顔は笑っていた。」とあることから，ルロイ修道士がこのしぐさを自覚していたことがわかります。このしぐさは，「悪い子だ」という一つの意味に限定して用いられているわけではなく，ルロイ修道士の激情が抑えられなかった時の無意識の癖ということがわかります。

　【問い1】の学びが，【問い2】について考える際の前提条件として働きます。作品の中でこのモチーフがどのような意味で用いられているのか，事前に着目させるとよいでしょう。

▶交流で想定される反応

S1：「私」がルロイ修道士に対して，怒っている気持ちの表れだと思います。「何で言ってくれなかったんだ。ひどい。」とかそういう気持ちだと思います。

S2：私は，怒りというよりは，「私」が自分自身に対して，ルロイ修道士の行動の意味に気づきつつも，あまりルロイ先生に自分の気持ちを伝えられなかったことへの後悔とか，そういう気持ちだと思います。「なんて，俺はダメなやつなんだ」みたいな。

S3：僕は，なんか怒りをおさえるためのしぐさのように感じていて，そもそも「私」にとっては無意識な行動だったんじゃないかな。

S1：でも，「お前は悪い子だ。」って本文に書いてあるし，このしぐさってそういう意味じゃないの？

S4：実際，ルロイ先生にとっては，「癖」みたいなもので，いろいろな意味に読み取れるんじゃないかな。だから，感情をコントロールする姿っていうのもいいんだよね。

▶問いに至るポイント

　『握手』では，「握手」「指言葉」「両手の人差し指を交差させ，打ちつけるしぐさ」が一種のサインとして繰り返され，小説のモチーフになっています。モチーフに沿って展開される表現を読み取り，作品構造に照らして解釈することで，主題の解釈に繋がります。繰り返される言葉や表現は，教材研究の段階で整理し，問いとして活かすことができるか検討すると良いでしょう。

この作品では，結末で「葬式でそのことを聞いた時，私は知らぬ間に，両手の人差し指を交差させ，せわしく打ちつけていた。」と，ルロイ修道士のしぐさが私に転移していることが描かれます。

なぜ回想の物語にしたのかといった作品構造や，ルロイ修道士の癖を受け継ぐ結末の意味を考え，作者との対話を促すためにも，３つのモチーフの中では人差し指のしぐさに着目した問いを提示すると，読みの深まりが期待できます。

このように，物語の結びは「問い」としての可能性を保ちますが，教師は一読者として読み取った自身の解釈の域を離れるのは難しいものです。それを自覚しながら，他の解釈の可能性を常に意識して教材を多角的に読んでいく必要があります。

「両手の人差し指を交差させ，打ちつけるしぐさ」は，多くの読みが出されることが予想されますが，①「誰（何）に対するものか」と②「どのような気持ちか」の２つの観点から考えると，整理しやすくなります。多様な読みが可能な箇所では，読みのバリエーションを整理しておくとよいでしょう。

▶描出表現

「葬式でそのことを聞いた時」は補助的な表現のＡ時間の表現です。「知らぬ間に」は，話し手の判断や感じ方を表すＢモダリティの表現です。「打ちつけていた」は，言い切りの形（述語＋テイタ）という描出表現の副次的な標識が用いられています。

これらのどの標識に強く反応するかで，葬式の時の「私」の感情と読むか，間もなく一周忌になる語りの現在の「私」の回想とするか，読みが分かれます。

▶「読みの交流を促す〈問い〉の要件」の充足

要　件（▶理由）	充足
a　誰でも気がつく表現上の特徴を捉えている ▶「人差し指の交差」というモチーフに関するもので，ルロイ修道士の癖という誰でも気づく表現上の特徴を捉えた問いになっています。	○
b　着目する箇所を限定している ▶結びの一文に限定した問いであり，着目する箇所を限定していると言えます。	○
c　全体を一貫して説明できる ▶他の「両手の人差し指を交差させ，打ちつけるしぐさ」と比較して，その意味を考えることとなり，作品全体からの説明が期待できます。	○

d　いろんな読みがありえる ▶ルロイ修道士のしぐさの「危険信号」という意味付けは，当時の園児たちの解釈であったことや，今はルロイ修道士の顔が笑っていることなどから，いろいろな解釈が可能となります。	○
e　その教材を価値あるものとする重要なポイントにかかわっている ▶物語の末尾での「両手の人差し指を交差させ，打ちつけるしぐさ」の意味を問うもので，この物語をどのように読んだのかを明らかにするものです。ルロイ修道士の「癖」が「私」に継承されているということは，この物語の主題に繋がる重要なポイントであり，テクストの勘所にかかわります。	○

教材
3

握手

▶交流後の解釈例

「神への抗議の形で現れた悲しみ」「ルロイ修道士の教え子としての自己のあり方への疑問と自己処罰」「信仰に疑いを抱く自分に対する自己処罰」「ルロイ先生への抗議の形で表れた悲しみと愛着」の４つの解釈が可能です。

解釈例１

　神様に対して，「どうしてルロイ先生を天国に召してしまったのですか。ひどいです。残された私たちはこれからどうすればいいのですか。」という気持ち。

解釈例２

　私自身に対して，「どうしてルロイ先生の気持ちをわかってあげなかったのだろう。もっと話すことがあったのではないか。だめじゃないか。」という気持ち。

解釈例３

　私自身に対して，「ルロイ先生をお召しになるなんて，神様なんていないのではないか。でも，先生の教え子としては，神の存在に疑問を持つなんてあるまじきことだ。そんな自分が許せない。」という気持ち。

解釈例４

　ルロイ先生に対して，「どうして無理して園児たちを訪ねて歩いたりしたんですか。安静にして，少しでも長生きしてほしかったのに。」という気持ち。

第１章　実践編　文学教材の「問い」と学習デザイン　**47**

単元の学習デザイン

時	分類	問い	見方・考え方
1	ミクロ	全文を通読して，気づいたことを書きましょう。（表現面・内容面・構成面で疑問に感じたことを書く） Ⓒ どこからが回想シーンなのか注意しながら読みましょう。 Ⓒ 「こんなうわさが流れていた。」とありますが，回想はどこまで続きますか。 Ⓒ 語りの構造について把握しましょう。（語り手は誰か。どの時点から語っているか。どのような時間構成で語られているか。）	時制 作品構造 過去回想 語り手
2 3	ミクロ	ⒹⒻ 握手・指・手に関わる表現をまとめ，どのような意味で用いられているのか，相互検討しましょう。	モチーフ
4	ミクロ	ⒹⒶⒷ 握手に込められたルロイ修道士と私の思いを考えましょう。	モチーフ 心情理解
5	ミクロ	ⒶⒷ ルロイ修道士はどんな人か。ルロイ修道士とかつての園児の関係はどのようなものか考えましょう。	人間関係 語り手 モチーフ
5	マクロ	ⒺⒻ 「これは危険信号だった。この指の動きでルロイ修道士は，「お前は悪い子だ。」とどなっているのだ。」は，誰の声で聞こえますか。それはどうしてですか。【問い１】	人間関係 語り手 モチーフ
6	マクロ	ⒻⒼ 「葬式でそのことを聞いた時，私は知らぬ間に，両手の人差し指を交差させ，せわしく打ちつけていた。」は，誰（何）に対する，どのような気持ちを表しているでしょうか。【問い２】	モチーフ 主題

48

❶単元で働かせたい見方・考え方

モチーフを吟味して，作品を読み深める。

❷問いの組み合わせと学習デザイン

> **作品内容や構造を捉えるためのミクロな問い**
>
> A　登場人物の心情理解に関する問い
>
> B　登場人物の関係性に関する問い
>
> C　時制に関する問い
>
> D　モチーフ（握手）の意味に関する問い
>
> **主題に迫るためのマクロな問い**
>
> E　語りの構造に関する問い【問い1】
>
> F　モチーフ（人差し指を交差させ，打ちつけるしぐさ）の意味に関する問い
>
> G　ルロイ修道士のしぐさが受け継がれることの意味に関する問い【問い2】 探究的
> な課題

　入れ子構造を持った作品であるため，生徒の初読時の気づきや疑問を学習の展開に関連付けることで，学びの動機付けになります。

　『握手』では，まず回想シーンがどこから始まり，どこで現在の場面に戻るのか，把握させる必要があります（C）。それにより，時制や語り手に意識した読みの力をつけます。

　続いて，この作品の重要なモチーフである，握手・指・手に関わる表現（D・F）をまとめ，意味を考えさせます。このうち，「握手」「指言葉」は一義的なメッセージを読み取ることができます。その上で，「握手」に込められた登場人物の気持ちを考えること（D）を通じて，登場人物の心情理解（A），登場人物の関係性（B）が明らかになります。

　そして，「両手の人差し指を交差させ，打ちつけるしぐさ」について誰の声で聞こえるか，といった語りの視点（E・【問い1】・F）で作品を俯瞰させます。

　以上の学習を踏まえ，最後に葬儀の時の「人差し指を交差させ，せわしく打ちつけるしぐさ」の向ける対象とその時の気持ち（F・G・【問い2】）を考えます。

　作品の全体構造に関わる問いや，主題に関わる問いを最後に提示することで，ルロイ修道士の癖が私や天使園の皆に受け継がれていくことの意味を考えさせることに繋がります。過去の記憶が自分の人生を作っていること，そして人生を築く歴史として受け継ぎ語り継ぐことの意味を考えさせることにもなります。

〈引用・参考文献〉

松本修（2004）「「握手」における語りと主題」『Groupe Bricolage 紀要』No.22，Groupe Bricolage

井上ひさし「握手」野地潤家他『中学校国語3』（平成27年検定済み）学校図書

4 「故郷」

（魯迅）

　『故郷』は，一人称の語り手である「私」の20年ぶりの帰郷の場面から始まります。現在の故郷とそこに暮らす人々と，「私」の回想の中の故郷に暮らす人々を描きながら物語は展開します。そして，故郷に別れを告げる，離郷の場面で終わります。

　語り手である「私」自身が，登場人物の変容に戸惑いを隠せないように，読み手も登場人物の変容，「私」との関係の変化に引き付けられます。

　これまでの授業では，「回想」と物語の「現在」の対比に焦点化してきました。しかし，同じように変容したはずの「私」自身については，一人称の語り手であるためかその変容は具体的には語られません。また，終末部分は象徴表現や比喩を用いた抽象的な描写・記述であるため，表面的で観念的な読みになりがちです。この物語での「私」自身の変容と「私」の語る「希望」，その意図や思いがなかなか見えてきません。「私」の脳裏に繰り返し浮かぶ「象徴的な情景描写」に着目することで，生徒は「私」に寄り添い，その変容と彼の口にした「希望」の意味に迫ることができるでしょう。

　「象徴表現」に着目した問いの解決を通して，情景の捉え方によって作品への意味付けがどう変わるのか，読みの交流をすることの意義を見いだしましょう。

作品の特徴

▶情景描写による象徴表現

　「象徴」とは，「それ自身以外の何かを表象するもの，通常，慣習的にそれと関連して思い浮かべる何か」と言えます。例えば，物語冒頭の情景描写は，語り手である「私」の目にしたものであり，自身も今回の帰郷に際しての心境を反映していると語っています。「私」は，自分にとっての「故郷」への心情を，その「情景」を通して表現しようとします。

　回想場面と離郷の場面において「私」の脳裏に浮かぶ「海辺の情景」も，象徴表現と言えます。そして，この2つの情景は，次の点で大きく異なります。

①語り手「私」にとっての閏土の存在
　　回想の場面：チャーを追う躍動感ある少年として「閏土」の登場。
　　離郷の場面：情景のみの描写。　＊「閏土」は登場しない。
②語り手「私」の視線の動き
　　回想の場面：空の描写から地上の描写へ（上から下へ）

　情景そのものについて，それが何を表すかを検討する必要があります。また，どのように描かれているかという描写の仕方についても検討する必要があります。

　例えば，なぜ閏土はこの情景から消えたのでしょうか，閏土の喪失を表すだけのものなのでしょうか。あるいは，ここでの語り手「私」の視線の動きの違いは何を意味しているのでしょうか。

　さらに大切なことは，この情景描写が，自らの「希望」を「偶像崇拝」「手に入りにくいだけだ」と語る「私」と，「希望」を「地上の道」に喩えた「私」とをつないでいるということです。どのような思い，考えで「希望」を語ろうとしているかが検討されるところです。

▶登場人物の設定

「故郷」は，次のように三世代にわたる登場人物が設定されています。

「私」の父	閏土の父	過去
「私」魯迅	閏土	過去から現在へ
「私」の甥　宏児	閏土の子　水生	現在から未来へ

　世代を超えても変わらぬ関係，主従関係を感じさせながらも，それにとらわれない関係，変わらぬ友情も感じさせます。

　「私」の父と「閏土」の父も同じように幼いころは仲が良かったのではないかと考える生徒がいても不思議ではありません。「宏児」と「水生」のこれからの「自らが創り出す，なにものにもとらわれない関係」を想像してもおかしくはありません。

　当たり前のことですが，三世代は「これまでの時間を生きてきた世代」，「これからの時代を生きていく世代」となります。重なり合いながら，異なる時間を生きており，異なる時間を生きようとしています。

　「宏児」と「水生」は，未来を生きる世代として，物語の終盤近くに登場します。この三世代の登場人物が設定された意味を考えてみてもよいでしょう。

　この他にも主要な登場人物として「母」「楊おばさん」がいます。

　この二人の女性は非常に対照的な存在として見ることも可能でしょう。自らの境遇を受け入れながら生活してきた「母」，自らの境遇にでたらめではあるけれども抗おうとする「楊おばさん」，どちらにしてもその境遇を生き抜くための姿勢なのでしょう。

> 「母はこう語った。…あれこれ議論の末，それは閏土が埋めておいたに違いない，…」とありますが，「私」は，どのような思いで「母から聞いた灰の中のわんや皿の話」を語っているでしょうか。

▶▶▶ 「私」は作中人物であると同時に，この物語の語り手，一人称の語り手「私」でもあります。ここでの「私」は，母から聞いた話を語り直すだけで，そのことに対する自分の思いを語ることはしません。確かに事の真相を明らかにする術は「私」にはありません。そうであるなら「私」がこの母の話を語り直す（想起する）意味はどこにあるのでしょうか。「私」は，どのような思いでこの話を語っているのでしょうか，語り手としての「私」を視点に故郷の人々に対する思いに迫ってみましょう。作品の特徴のページで紹介した，「登場人物の設定」に関連する問いになっています。

▶問いの意図

　「『私』は，どのような思いで『母から聞いた灰の中のわんや皿の話』を語っているでしょうか」という問いは，生徒にまず事の真相（誰が灰の中にわんや皿を隠したのか）について叙述に即して考えさせるものになります。同時に，一人称の語り手「私」の語りに目を向けさせ，語り手の意図を考えさせる端緒となります。

　初読時の感想に指摘されるように，生徒は誰の仕業かということに興味を持ちます。教材文の叙述を根拠に，それぞれの推理を交流してもおもしろいでしょう。また，「私」自身がこのことをどのように受け止め，どのような思いでいるのかを，前後の文脈の中で検討することも可能です。

　また，一人称の語り手の場合，読み手はその語り手に寄り添い，出来事や他の登場人物との関わり，その場の空気を感じとります。そのため，一人称の語り手「私」の語りそのものの意図に気がつかないままでいることがあります。ここでの「私」は「母から聞いた話」を語り直すだけで，「閏土が埋めておいた」という結論に対して，肯定も否定もしません。なぜ語り手である「私」は，語り直すだけにとどまったのでしょうか。

　語り手は何を語るか，何を語らないかを決めることのできる立場にあります。一人称の語り手であれば，その語りは語り手自身の思いや思考を強く反映することでしょう。

　登場人物としての「私」であると同時に語り手としての「私」を通して，この作品に向き合うことも大切です。

▶問いに正対するための前提条件

この問いは，語り手に関わる問いです。一人称の語り手の語りの特徴を把握しておくことが前提条件となります。

一人称の語り手は，作中人物の一人として，ある出来事の当事者であると同時に，その視点は限定されます。また，語り手として何を語るか，語らないかは語り手自身が決めることとなります。このような特徴を確認した上で，作品を俯瞰すると，作品全体の中での「私」の語りの特徴を把握することができます。

▶交流で想定される反応

S1：「私」の母が，「持っていかぬ品物はみんなくれてやろう，好きなように選ばせよう」と言っているのだから，「閏土」はわら灰にわんや皿を隠す必要などなかったんじゃないかな。でも，「私」は母の話を肯定も否定もしないから，誰が埋めたのか，迷っているのかな。

S2：僕は，「私」は心のどこかで「閏土」の仕業だと疑って，沈んだ気持ちでいると思います。だから，この後の「自分だけ取り残されたように，気がめいる」とか閏土の面影が「急にぼんやりしてしまった」につながっていくんだと思います。

S3：私は，「楊おばさん」だと思います。埋めてあったわんや皿を見つけるなんておかしいし，それを手柄に何か手に入れようとしたんじゃないかな。「私」はそんなふうに考えなかったのかな。

S4：「私」にとって，誰の仕業かは知る方法もなく，誰がやったかということはもう問題ではないと思います。ただ故郷の人たちに対する失望感，美しい故郷の喪失感に，故郷に別れを告げた今になっても追い打ちをかけるように襲われたんだと思います。「閏土」との再会の時と同じように，ここでも「私」は言葉を失ったんだと思います。

▶問いに至るポイント

「私はどのような思いで母から聞いた話を語っているのか」という問いは，初読時の生徒の感想でも見られるものです。離郷の場面での母の話は，「私」と「故郷」，「故郷の人たち」との距離感を決定づけるものです。事の真相は語られぬまま，「私」の思いも具体的には語られません。わんや皿は誰が一体埋めたのだろうかといった疑問や，「私」はどのように受け止めたのだろうかという疑問が生徒から提示され，その素直な疑問をもとに問いを考えます。

また，「『私』は，どのような思いで語っているでしょうか」という形で，「私」が語り手であることを意識させた問い方にします。誰の仕業か，「私」がどのように受け止めたかに加えて，どのように語っているかなど「私」の語りに目を向けさせる問いにします。

▶描出表現

「母はこう語った。例の豆腐屋小町の楊おばさんは，…あれこれ議論の末，それは閏土が埋めておいたに違いない，灰を運ぶ時，一緒に持ち帰れるから，という結論になった。…よくもと思うほど速かったそうだ。」は，「母はこう語った。」として，その後に語った内容が「掘り出した」「結論になった」「走り去った」など要約して説明されることから，「例の」以降は引用に関わる部分となり，描出表現であるとは言えません。また，「そうだ」という伝聞の形をとって母の語りを語り直しており，「私」の思考や感情，視覚や聴覚，モダリティに関する表現もないため，そのことに対する「私」の思いや判断は語られていません。

▶「読みの交流を促す〈問い〉の要件」の充足

【問い1】は，語り手という視点で問われているため，教材文の具体的な表現上の特徴を捉えているとは言えないので，aの要件が×になっています。

要　件（▶理由）	充足
a　誰でも気がつく表現上の特徴を捉えている ▶「「私」はどのような思いで語っているのでしょうか」という問いは，誰もが気づく疑問点を端緒にした問いですが，語り手の気持ちを問うものであり，誰もが気がつく教材文の表現上の特徴を捉えた問いとは言えません。	×
b　着目する箇所を限定している ▶多くの生徒が疑問に思う教材文の一部分が指定されることで，読みのリソースの共有がなされています。	○
c　全体を一貫して説明できる ▶語り手としての「私」，一人称の語り手ということを認識して作品を俯瞰することで，「私」の語りの特徴が明らかになり，全体構造との関係の中で私の思いが説明され，一貫した解釈が可能となります。しかし，一人称の語り手についての把握ができていることが前提になります。	○
d　いろんな読みがありえる ▶誰が埋めたのか，「私」自身は誰だと思っているのかは明らかにされていません。しかし，教材文の叙述や一人称の語り手という構造をもとに，多様な読みが可能となります。	○
e　その教材を価値あるものとする重要なポイントにかかわっている ▶一人称の語り手である「私」の語りの意図を考えることで作者との対話が促され，より「私」と「故郷」や「故郷の人々」との関係性が明確になり，この後の「希望」に込められた「私」の思いといった作品の勘所を読み取ることができます。	○

この問いは，生徒の素直な疑問点を端緒にしながら，「語り手」である「私」との対話，作者との対話を促すものになっています。ここまでの学習で読み取った解釈を積み重ねることで，多様な解釈の交流が可能になります。

▶交流後の解釈例

「私」と「故郷」，「私」と「故郷の人々」の関係の変化を捉えることが，この物語の終末で「私」が語る「新しい生活」を願う「希望」を具体的にイメージさせることに繋がります。この離郷での「母の話」は，「私」に再び「故郷の人々」の変貌ぶり，関係の変化を「私」に再認識させることとなります。しかし，「私」は「母の話」を語り直すだけで，このことに対して，肯定も否定もせず，何の思いも考えも付け加えることはしません。

まず，事の真相は明らかにはできませんが，教材文の叙述により，「私」は「閏土」が埋めたものと考えていると文脈上，読むことが可能です。この話の直後の段落は「私」の沈んだ気持ちを描写しており，「すいか畑の銀の首輪の小英雄の面影は，～今では急にぼんやりしてしまった。」という一文は根拠となり得ます。

一方，「私」は，この話を判断のしようがないこと，今更考えてもしようのないこととして受け取っていると読むことも可能です。肯定も否定もしないのは，「閏土」との再会の場面と同じく，取り返しのつかなさを表しているとも読めます。

これらから，語り手である「私」がどのような思いで語ったのか，次の2つが考えられます。

解釈例1

「私」はわんや皿を埋めたものが「閏土」であってほしくないと思いながらも，それを確かめようもなく，口にしようとはしない。
ただこのことによって，「私」の中での「美しい故郷」は損なわれ，それを象徴していた「閏土」も永遠に失われたことを感じている。

解釈例2

「私」にとって，もはやわんや皿を埋めたものを明らかにする手立てはなく，また，その意味も感じていない。
故郷の人々との再会もそうであったが，言葉を失うくらいに「故郷」あるいは「故郷の人々」との隔たりを改めて強く感じている。

【問い2】 象徴に関する問い

離郷の場面で「まどろみかけた私の目に，海辺の広い緑の砂地が浮かんでくる。」とありますが，「私」の目に浮かんだ「海辺の情景」は，「私」のどのような心情を表現しているでしょうか。母親の口から閏土の名前が出たときに脳裏によみがえった「海辺の情景」の回想と比較しながら，考えてみましょう。

▶▶▶ ここでは，「私」の脳裏に浮かんだ「海辺の情景」に着目し，物語の前半で登場する「海辺の情景」との関係をふまえながら，「希望」を語る「私」の心情に迫るための問いについて解説します。作品の特徴のページで紹介した，「情景描写による象徴表現」と「登場人物の設定」の両方に関連する問いになっています。

▶問いの意図

　この問いは，「希望」に至る「私」の思考や思いをたどることで，主題に迫ろうとするものです。終末の場面では，具体的な「新しい希望」への思いと「地上の道」に喩えられた「希望」への思いの「間」に「まどろみかけた私の目に，海辺の広い緑の砂地が浮かんでくる。その上の紺碧の空には，金色の丸い月が懸かっている。」という情景描写が再度挿し込まれています。

　新しい世代，他者に託そうとする希望から，自らの言葉で「希望」を語ろうとする「私」の変化を丁寧に読み解く必要があります。「希望」について語ろうとする「私」の脳裏に浮かんだ情景が大きな手掛かりになるでしょう。「十一，二歳の少年」が消え去った情景は何を意味するのでしょうか。そこから読み取れることは「閏土」との関係の喪失，「美しい故郷」の喪失だけなのでしょうか。ここでは，これまでの学習内容を踏まえたり，本文の言葉を根拠として指摘したりしながら，読み解くことが大切になります。「若い世代」のつながり，「私たちの経験しなかった新しい生活」という新たな希望，「手製の偶像」ではないかという不安などを踏まえて多面的に検討すると，情景描写は多様な読みの可能性をもちそうです。また，帰郷の場面と離郷の場面で「私」の思考の過程がよく似ています。再度，読み比べてみるとよいでしょう。

▶問いに正対するための前提条件

　この物語は，「私」が「希望」について語って終わります。「希望」を「地上の道」に喩え，同じ「希望」をもって行動する人が増えることで，その「希望」は実現するということを伝えようとしています。問いに向かう前に，比喩や象徴表現を指摘させ，その意味を捉えさせておくとよいでしょう。その上で，「私」はどのような思いで語っているのか，「若い世代」への「希望」として「新しい生活」を口にしながら「手製の偶像」「手に入りにくいもの」と考えた

「希望」をどのように捉え直したのかということを改めて考えさせる必要があります。

▶交流で想定される反応

S1：「私」は変わり果てた人々ともう訪れることのない故郷を思い，悲しんでいるのだと思います。だからこそ，そこには閏土が登場することもなかったんだと思います。「私」は，多くのものを失った中で「希望」を語っているように思います。

S2：確かに「閏土」はいないけど，美しい故郷の情景が，このタイミングで脳裏に浮かんでくるのはどうしてなのかな。

S3：「私」は，やっぱり「美しい故郷」を忘れられないんじゃないかな。だからこそまどろみかけているのに，鮮明な色彩で故郷をイメージしているんだと思う。そこには「絶望」とかじゃなくて，わずかな希望があったんじゃないかな。視線が金色の月を見上げているのもそのことを表現しているんじゃないかな。

S4：私は，あの情景は，閏土がいなくなったことを表現しているのではなくて，別の誰かの登場を待っているように思えてきました。失われたものを表現している面もあるけど，これからそこに現れるだれかを予感させていると思います。

S5：私もS4さんと同じかな。この情景からは「私の望むものは手に入りにくいだけだ。」という「私」の思いの続きが，「手に入りにくい」ことを「私」がどう受け止めているのかが読み取れると思います。「私」は，美しい故郷の再生や自分と共に歩んでくれる新しい世代の登場を願っているんじゃないかな。

▶問いに至るポイント

　文学教材の問いを作る手がかりは，教材文内の言葉と言葉の関係，部分と部分の関係に着目することで見えてきます。本作品の場合は，帰郷の際に，母の口から閏土の名を聞いたときと，離郷の際に描かれる「海辺の情景」には共通点と相違点が見られます。このことが，語り手であり主人公の「私」の変容と作品の主題に大きく関わっています。

　【問い2】は，「離郷」の場面で，なぜ再びこの情景が目に浮かんだのか，なぜここには「閏土」は登場しないのかなどの疑問が浮かびます。そのような読者の疑問を問いに繋げます。例えば，①「この情景は『私』のどのような心情を表現しているか」という「海辺の情景」の象徴表現を問う発問。②「なぜ『美しい故郷』の情景が再び目に浮かんだのでしょうか」という理由を問う発問，③「なぜ『閏土』は登場しないのでしょうか」などの相違点の理由を問う発問が考えられます。発問①・②では，教材文の叙述から根拠を示すことのないまま，様々な答えが返ってくることになりかねません。発問③では，教材文の他の部分と対比・類比を試みるため，教材文の叙述に着目することとなります。そこで，「私」の心情に迫るために，母の口から閏土の名前を聞いたときに脳裏によみがえった「海辺の情景」と対比・類比するよう指示

教材
4

故
郷

を加えます。このことにより，同じ「海辺の情景」でありながら，そこに異なるもの，共通するものを教材文の叙述に着目しながら考え，根拠をもって心情に迫ることができると考えます。

　多様な読みを促せるか，読みの変化や深化を促せるか，初発の感想を参考にしたり，交流前後に同じ問いについて考えさせたりすることが大切です。問いになりそうな言葉，部分，あるいはそれぞれの関係に見当を付けたら，読みの交流を促す〈問い〉の要件の充足を確認します。

▶描出表現

　「まどろみかけた私の目に，海辺の広い緑の砂地が浮かんでくる。」の「浮かぶ」は，思考を意味する叙述表現であり，「でくる（てくる）」は描出表現の副次的な標識となっています。しかし，『故郷』は語り手が一人称であるため，その部分の「語り」を問うことで読みの深まりが期待できるわけではありません。ここでは，「私」の心情と呼応する「海辺の情景」を読み取り，作品における象徴性を考えることが作品解釈に繋がります。

▶「読みの交流を促す〈問い〉の要件」の充足

要　件（▶理由）	充足
a　誰でも気がつく表現上の特徴を捉えている 　▶象徴表現というやや難しい表現上の特徴であり，2か所の「海辺の情景」の描かれ方も「海辺の広い緑の砂地」「海辺の砂地で，見渡す限り緑のすいかが植わっている」と同一ではありません。 　対比・類比という視点を与えることで，その相違点・類似点に気づき，情景から登場人物の心情に迫り，創造的な象徴に迫ることができます。	△
b　着目する箇所を限定している 　▶2か所の「海辺の情景」を読み比べることで，着目すべき表現や言葉が限定される問いです。また，離郷の場面では，「希望」についての「私」の思いや思考に関連付けながら読むことになり，文脈に沿った読みが期待できます。	○
c　全体を一貫して説明できる 　▶語り手である「私」の心情の変化について，展開部から，あるいは冒頭の帰郷の場面での心情も含めた，作品全体から辿ることができます。	○
d　いろんな読みがありえる 　▶類比・対比は，その時点で多様な視点を持つこととなります。また，その相違点・類似点をどう意味付けるか，多様な答え方を可能にするものです。同時に，離郷の場面は，「希望」についての「私」の思い，思考をつなぐ形で，この情景は差し込まれています。前後の文脈に沿った形で意味付けることとなり，多様性と収束に向けての検討が期待できます。	○

e　その教材を価値あるものとする重要なポイントにかかわっている	
▶語り手であり主人公でもある「私」の変容を捉えることで、「希望」という作品の主題に迫る事ができます。	○

　象徴表現としての２か所の情景描写を比較し、それらが何を象徴しているのか、解釈の違いを交流することで、「私」にとっての「希望」について深い学びが可能になります。

▶交流後の解釈例

　離郷の場面での「私」の目に浮かんだ情景は、「深い喪失感」と「新たな世代の登場への期待感」の二通りの解釈が可能です。２つの「海辺の情景」と比較すると、「その真ん中に十一、二歳の少年が、銀の首輪をつるし、鉄の刺叉を手にして立っている。そして一匹の「猹」(チャー)を目がけて、ヤッとばかり突く。すると「猹」は、ひらりと身をかわして、彼の股をくぐって、逃げてしまう。」という部分にあたるところが、離郷の場面にはありません。「美しい故郷」を象徴する「閏土」が登場しないのです。そこからかつての親しい間柄であった友人「閏土」、美しい故郷に対する「深い喪失感」を読み取ることは可能です。

　一方で、「離郷の場面」での「希望」に対する「私」の思考、思いに差し込まれた情景として文脈の中で捉えたなら、「喪失」と共に変わることのない「美しい故郷」として、新しい世代が登場する舞台として、その情景を捉えることも可能です。「私」の「希望」に対する思いや思考を、「希望」から「道」へ、「手に入りにくい」ものから「歩く人が多くなれば」というように具体化するための橋渡としての役割を、この情景は同時に果たしているとも読み取れます。このように、象徴表現は多様な読みの可能性を示し、同時に前後の文脈によって検証することができます。

解釈例1

　「私」の心情は、美しい故郷、あるいは閏土を代表とする故郷の人々に対する「喪失感」です。この海辺の情景には、美しい故郷を象徴する閏土が登場しません。思うような再会を果たすことができなかった「私」の変わってしまった故郷の人々に対する「喪失感」が、２つの情景を読み比べることでわかります。

解釈例2

　「私」の心情は、「新しい世代の登場を願う気持ち」です。「美しい故郷」の情景を舞台に、宏児と水生のような「若い世代」の登場を期待しているのだと思います。「希望」に対する「私」の思いや思考を、「手に入りにくい」ものから「歩く人が多くなれば、それが道になるのだ。」というように変化する過程が、この情景から読み取ることができます。

単元の学習デザイン

時	分類	問い	見方・考え方
1	ミクロ	初読の気づきを書きましょう（疑問点など）。 登場人物とその関係をまとめましょう。 Ⓑ 語り手は誰ですか。 Ⓓ	登場人物の関係 語り手 一人称視点
2	ミクロ	20年ぶりの故郷の情景描写から，帰郷に際しての「私」の思いと考えをとらえましょう。 ⒶⒸ	情景描写 象徴表現 心情理解
3	ミクロ	回想場面での「私」と「閏土」の関係をまとめましょう。 Ⓑ 「楊おばさん」の変化をまとめましょう。 Ⓑ	登場人物の関係
4	マクロ	再会の場面で，二人が感じた「悲しむべき厚い壁」とは何か，考えてみましょう。 ⒶⒷ 「閏土」の変化をまとめましょう。 Ⓑ	登場人物の心情 登場人物の関係
5	マクロ	「母はこう語った。…あれこれ議論の末，それは閏土が埋めておいたに違いない，…」とありますが，「私」は，どのような思いで「母から聞いた灰の中のわんや皿の話」を語っているでしょうか。【問い1】 Ⓔ	語り手 登場人物の心情
6	マクロ	離郷の場面で「まどろみかけた私の目に，海辺の広い緑の砂地が浮かんでくる。」とありますが，「私」の目に浮かんだ「海辺の情景」は，「私」のどのような心情を表現しているでしょうか。母親の口から閏土の名前が出たときに脳裏によみがえった「海辺の情景」の回想と比較しながら，考えてみましょう。【問い2】 Ⓕ	情景描写 象徴表現 登場人物の心情
7	マクロ	「私」の「新しい生活」への「希望」についてどのように考えたか，その過程を整理しましょう。 Ⓖ 「私」にとっての「希望」や「願い」についてまとめましょう。 Ⓖ	主題

❶単元で働かせたい見方・考え方

　「情景描写」が情景の説明以上の深い意味を象徴していることを知り，象徴性から登場人物の思いや思考を読み取る。

❷問いの組み合わせと学習デザイン

作品内容や構造を捉えるためのミクロな問い

- A　登場人物の心情理解に関する問い
- B　登場人物の関係性に関する問い
- C　情景描写に関する問い
- D　語り手に関する問い

主題に迫るためのマクロな問い

- E　語り手である「私」の「故郷の人々」に対する思いに関する問い

　　　　　　　　　　　　　　　　　　【問い1】　探究的な課題

- F　複数回登場する故郷の情景，海辺の情景（象徴表現）が意味するものに関する問い

　　　　　　　　　　　　　　　　　　【問い2】　探究的な課題

- G　「私」にとっての「希望」や「願い」に関する問い

　交流を中心とする授業を構想するには，生徒の初読時の率直な感想や疑問から，多様な読みや読みのズレを生む可能性を持つ，協働的・探究的な問いに編み直して提示することが大切です。

　基本となる読みを獲得するために，登場人物の心情理解に関する問い（A）や，登場人物の関係性に関する問い（B）により作品の大まかな内容を押さえ，その後 情景描写（象徴表現）に関する問い（C），繰り返される故郷の描写（F）について考えさせるとよいでしょう。

　一人称の語り手「私」を通して，読み直すことも，自分の読みを更新することに繋がるでしょう。

　グループで読みを交流し，クラス全体でさらに交流するなど，個と集団の学びを行き来することで，生徒一人ひとりの読みの幅が広がります。

〈引用・参考文献〉

川口喬一・岡本靖正編（1998）『最新文学批評用語辞典』研究社

魯迅著，竹内好訳「故郷」野地潤家他『中学校国語3』（平成27年検定済み）学校図書

5 「竹取物語」

　平安初期に成立した『竹取物語』は，絵本『かぐや姫』として親しまれている昔話の原作です。我が国最古の物語であり，中学校古典の入門教材として扱われています。授業では冒頭部分の暗唱や，音読を通して古文のリズムや歴史的仮名遣いを学習することが主要な活動になっています。「古典に親しむ」学習では，生徒が古文に描かれた言葉を手がかりにしながら，作品世界で描かれているものの見方・考え方を理解し，生徒自身で古典作品の価値を見いだすことが必要です。

作品の特徴

▶「月の世界」と「地上の世界」の語られ方

　「いまはむかし，たけとりの翁といふものありけり。」という語り出しは，物語世界には登場しない第三者の語り手によって，読み手を物語の世界へ誘う語りです。源氏物語で「物語の出で来はじめの祖」と言われるとおり，このような語りは，現在の物語にも使われています。

　物語は，「竹取の翁」が根もとの光る竹の中から「三寸ばかりなる人（＝かぐや姫）」を発見し，家へ持ち帰るところから始まります。竹筒の中に「三寸ばかりなる人」が座っているという，地上の世界ではあり得ない設定がなされていますが，それはかぐや姫が「月の世界」の者（＝天人）であり，「地上の世界」の人々とは異なるからです。そしてかぐや姫は，「月の世界」で犯した罪を償うために「地上の世界」に送られ，翁との出会いや五人の貴公子や帝からの求婚といった，様々な人間世界の出来事を経験する物語として語られています。

　物語終盤では無事「地上の世界」で罪を償い終え，本来ならば，「月の世界」に帰ることは本望であったにもかかわらず，帰ろうとしないかぐや姫が語られます。このようなかぐや姫の姿や言動の理由を探るには，「地上の世界」がどのように語られていたかを理解する必要があります。物語を読み進めていくと，作者は「月の世界」と「地上の世界」を対照的に語っていることがわかります。

　語り手は2つの世界を対照的に語ることで，何を伝えようとしているのでしょうか。例えば，地上の世界を「穢き所」と語っていますが，そのように語ることの意図は何でしょうか。なぜ語り手は，不死の薬に目もくれずにかぐや姫との別れを嘆き続ける翁や嫗や帝の姿を取り上げたのでしょう。対比される2つの世界観を丁寧に読み取り，語り手はそれをどのように語り，それによって何を伝えようとしているか考えることは，学習者が古典に親しみ，古典作品の価値を見いだす大きな手がかりになるのです。

▶象徴表現としての「天の羽衣」

　『竹取物語』は，羽衣伝承（天人女房譚）と妻争い伝承（難題求婚譚）が組み合わされて作られた虚構世界です。

　武久康高（2017）は，『竹取物語』と羽衣伝承との関係に着目し，伝承の『伊香小江』では『竹取物語』後の物語文学では必ず主題化される"天女の心の動き"が全く語られず，「神人」との結婚で地上での権威が保証される構図を語ることが本来の目的としています。そこでの「天の羽衣」は，天女の飛行機能を果たす道具として描かれています。一方，『竹取物語』は天上と地上世界の相違や断絶が明らかにされる構図をとり，かぐや姫が貴公子や帝との求婚譚を経て次第に人間化していくさまを，「あはれ」という感情を身につけていく様子や心の動きを通じて描いているというのです。『竹取物語』における「天の羽衣」の象徴性を捉える上では，次の場面の下線部分が重要になります。

　天人の中に，持たせたる箱あり。天の羽衣入れり。またあるは，不死の薬入れり。一人の天人いふ，「壺なる御薬たてまつれ。穢き所の物きこしめしたれば，御心地悪しからむものぞ」とて，持て寄りたれば，いささかなめたまひて，すこし，形見とて，脱ぎ置く衣に包まむとすれば，在る天人包ませず。御衣をとりいでて着せむとす。その時に，かぐや姫，「しばし待て」といふ。「衣着せつる人は，心異になるなりといふ。物一言，いひ置くべきことありけり」といひて，文書く。天人，「遅し」と，心もとながりたまふ。かぐや姫，「物知らぬこと，なのたまひそ」とて，いみじく静かに，朝廷に御文奉りたまふ。あわてぬさまなり。（中略）

　中将とりつれば，ふと天の羽衣うち着せたてまつりつれば，翁を，いとほし，かなしと思しつることも失せぬ。この衣着つる人は，物思ひなくなりにければ，車に乗りて，百人ばかり天人具して，のぼりぬ。その後，翁，嫗，血の涙を流して惑へど，かひなし。

　武久は象徴表現としての「天の羽衣」の役割を，以下のように述べています。

・「いとけうら」で「老い」や「思ふこと」のない天人の属性を取り戻させるのが，天の羽衣
・『竹取物語』では，別れの瞬間にかぐや姫が，"人間としての心"をも失くしてしまうという設定にされている。そしてそのことで，読者に"人間としての心"というものの存在が印象付けられていくのである。
・かぐや姫にとって，"人間としての心"を失うとは，愛する翁・嫗のもと，長い時間をかけて育んだ自己の感情やアイデンティティを失うことでもあった。

　『竹取物語』は「物語の出で来はじめの祖」と評されたように，人間の心に対する物語であり，「天の羽衣」は人間としての心の存在を語るための，天上世界との相違の象徴なのです。

【問い1】 「月の世界」と「地上の世界」の語られ方に着目した問い

かぐや姫が，「しばし待て」と言ったのはなぜでしょうか。

▶ ▶ ▶ 　かぐや姫が「しばし待て」と発した理由を，心情描写を手がかりに考えることにより，「地上の世界」や人々に対するかぐや姫の想いを捉えることができます。作品の特徴のページで紹介した，「『月の世界』と『地上の世界』の語られ方」に関連する問いになっています。

▶問いの意図

　「地上の世界」での出来事を通して，かぐや姫が「月の世界」に帰ることをためらう理由を考えることで，作品中の2つの世界の対照的な描かれ方を捉え，当時の人々のものの見方や考え方を理解するためのものです。

　「春の初め」からずっと「物思ひ」をし，嘆き悲しんでいるかぐや姫は，天人たちが迎えに来ても「天の羽衣」を着ることをためらいます。かぐや姫にとって汚き「地上の世界」はどのような存在になっていたのでしょうか。天人に放った「しばし待て」という命令の言葉に着目させ，それまでの心情をたどることで，月の世界のかぐや姫が流刑地の地上世界に価値を見いだす経緯が理解できるでしょう。この問いは，「月の世界」と「地上の世界」がどのように語られているかという検討が充分になされていないと，かぐや姫の心情理解にとどまる可能性があります。事前にそれぞれの世界の語られ方をまとめ，どう価値付けされているか確認しましょう。それをもとに，古文の言葉を根拠として理由を考えていきましょう。

▶問いに正対するための前提条件

　「地上の世界」や「月の世界」がそれぞれどのようなものとして語られているのか，かぐや姫の心情描写や，天人の言葉から丁寧に読み取っておきましょう。「月の世界」と「地上の世界」の2つの世界は，次のように対照的に描かれています。

> 【月の世界―地上の世界】
> 成長が早い―成長が遅い　　　美しい―醜い　　　　不老である―不老でない
> 不死である―不死ではない　　悩みがない―物思いに苦しむ
> 空中に浮かんで移動する―地上を歩いて移動する　　情愛に欠ける―情愛に満ちている
> 理想郷―流刑地（罪を償う場所）　　　　　きれい―汚い

作者は「地上の世界」を物思いをし人間の醜さと情愛がある世界，「月の世界」を不老不死で美しいが情愛に欠ける世界と捉えています。本来，天人であるかぐや姫は悩みを持たないはずですが，「春の初め」より，月を見て「つねよりも，物思ひたるさま」になります。そこでかぐや姫は自分が月の世界の者であること，帰らなければならないことを翁たちに告白します。

> 「かの都の人は，いとけうらに，老いをせずなむ。思ふこともなくはべるなり。さる所へまからむずるも，いみじくはべらず。老いおとろへたまへるさまを見たてまつらざらむこそ恋しからめ」

　上記のかぐや姫の言葉からは，翁たちとの別れを惜しみ，「月の世界」へ帰ることを不本意だと嘆くかぐや姫の心情が読み取れます。ここから，かぐや姫が情愛に欠け，悩みがない天人としてではなく，「地上の世界」の人々と同様に「物思ひ」をする，人間と同じ感情を持つようになっていることがわかります。問いを提示する前に，本来天人とはどういう存在であるのか，天人たちは「地上の世界」をどのように捉えていたのかを確認させ，罪を償い終わったかぐや姫が本来感じるはずの心情（償いが終わり，月の世界に戻れる喜び）と，地上の価値観を得て哀しみにくれるかぐや姫の心情との矛盾に気づかせるようにしておきましょう。

　また，「けうらに」「まからむ」等の基礎的な古語や，係り結び等の古典文法規則の理解も必要になります。

▶交流で想定される反応

Ｓ１：私は，かぐや姫は少しでも長く翁たちと一緒にいたかったから，「しばし待て」と言ったのだと思う。理由は，かぐや姫が手紙を書いているとき天人が「遅し」って急かしているでしょ。それに対して，「物知らぬこと，なのたまひそ」って言うから，それほど翁や帝たちとの別れを惜しんでいるのだと思うな。

Ｓ２：月の世界に帰りたくなかったからだと思う。だって，かぐや姫は，春からずっと悩んでいるし，そこで「老いおとろへたまへるさまを見たてまつらざらむこそ恋しからめ」と言ってるから，育ててくれた翁たちを見捨てて帰ることなんてできないと思ったんじゃないかな。

Ｓ３：私もＳ２に似てて，地上の世界のほうが月の世界よりも良いところだって思ったから帰りたくないのだと考えたよ。月の世界の人は確かに綺麗で老いないし，悩みがないけど，人としての気持ちが欠けているっていうか。そんなところに「さる所へまからむずるも，いみじくはべらず。」って言ってるから，帰りたくない理由が地上にあるんだと思う。

Ｓ４：え，かぐや姫って罪を償いに地上の世界に来たんでしょう？　地上の世界のほうが良いって具体的にどういうこと？

S3：うーん。例えば，翁たちがかぐや姫に対して愛情を注いで育ててくれたこととか，帝と
　　　手紙のやりとりをして嬉しかったこととかかな。地上の世界の人たちと出会って，ただ
　　　罪を償う場所だけじゃない，人の心と心の触れ合いの良さに気づいたんじゃないかな？

▶問いに至るポイント

　古典文学教材の問いを作る際には，当時の人々のものの見方・考え方が表れている表現に着
目するとよいでしょう。『竹取物語』の場合は，「月の世界」と「地上の世界」の描かれ方を比
較することです。作者がかぐや姫や天人の言葉を通してどのように世界を語っているのかを丁
寧に読み取り，「しばし待て」に込められた理由を考えることで，語り手が作品に込めた思い
にも気づくことができます。

　【問い1】では，「地上の世界」で罪を償い終わり，「月の世界」に帰ることができるにもか
かわらず，「作者が『天の羽衣』を着ることをためらうかぐや姫を描くのはなぜなのか」とい
う疑問が生まれる箇所です。月の世界の者であるにもかかわらず，「物思ひ」をして嘆き悲し
む姿や，心情の描写から，かぐや姫が翁や帝との別離を惜しんでいると考える生徒もいるで
しょうし，月の世界と地上の世界を比較して地上の世界に価値を見いだしたからだと考える生徒
もいるでしょう。

　しかし，「かぐや姫はなぜ『しばし待て』と言ったのか」という問い方だと，作品全体から
検討せずに直前の文脈のみで判断し，かぐや姫の「翁たちとの別れを惜しむ心情」の理解にと
どまってしまう可能性もあります。そのような場合，問い方を検討する必要もありますが，
「かぐや姫の『物思ひ』はどういうことか」を補助的な問いとして提示することも手立ての1
つです。理由を考える際には，どの表現をどのように解釈したか考えさせることで，かぐや姫
の言動の意味に迫ることができるでしょう。

▶「読みの交流を促す〈問い〉の要件」の充足

要　件（▶理由）	充足
a　誰でも気がつく表現上の特徴を捉えている 　▶かぐや姫の「しばし待て」という命令の言葉に着目させています。	○
b　着目する箇所を限定している 　▶かぐや姫が昇天する場面で，着目する言葉を指定しています。	○
c　全体を一貫して説明できる 　▶かぐや姫が「春の初め」より嘆いていることが先に描かれており，他の部分テクストと 　　の関係の中で説明することが可能です。一方で「なぜ」という問い方により，かぐや姫 　　の心情理解にとどまる可能性もあります。	△

d　いろんな読みがありえる 　　▶文脈を関連付けて読むことで作品に表れている地上の価値観，人間の存在性を踏まえた解釈が可能となり，翁たちとの別離の哀しみといった解釈や，地上世界に価値を見いだしたという解釈が予想されます。	○
e　その教材を価値あるものとする重要なポイントにかかわっている 　　▶月の世界の者であるかぐや姫が，人間の存在性というものに気づいていく過程を読み取ることで，「月」と「地上」の２つの世界の語られ方，当時の人の価値観が浮き彫りになります。	○

▶交流後の解釈例

　かぐや姫の言葉の理由として，「翁たちとの別れを惜しむ心情」「月の世界に帰ることへの抵抗」「地上の世界に価値を見いだしたことの表れ」の３解釈が想定されます。

解釈例1

　発言の理由は，「翁・嫗，帝たちとの別離を惜しむ心情」によるものです。かぐや姫が手紙を書いているとき天人が「遅し」と急かしていることに対し，「物知らぬこと，なのたまひそ」と言っていることから，それほど翁や帝たちとの別れを惜しんでおり，後に手紙を残すことから感謝の意を伝えたい，というかぐや姫の心情が読み取れます。

解釈例2

　発言の理由は，「月の世界に帰りたくないという心情」によるものです。かぐや姫は春から「物思ひ」をしており，そこで「老いおとろへたまへるさまを見たてまつらざらむこそ恋しからめ」と発言していることから，育ててくれた翁たちを見捨てて帰ることはできない，できれば彼らと一生を共に暮らしたいというかぐや姫の心情が読み取れます。

解釈例3

　発言の理由は，「地上の世界がかぐや姫にとって価値を持ち，もはや罪を償う場所ではないという心情」によるものです。「月の世界」は綺麗で不老不死ですが，悩みがなく人としての心を持ち合わせていません。「さる所（＝月の世界）へまからむずるも，いみじくはべらず。」という言葉と結び付けると，帰りたくない理由が地上にあると考えられます。かぐや姫は翁・嫗・帝の愛に触れ，地上の人々の生き方に価値を見いだしたと言えます。

【問い2】　象徴表現に関する問い

「ふと天の羽衣うち着せたてまつりつれば，翁を，いとほし，かなしと思し
つること**も失せぬ。**」とありますが，「天の羽衣」の作品中での役割はどのよ
うなものでしょうか。
また，どうしてそう考えたのですか。

▶ ▶ ▶ 　ここでは，作者が「天の羽衣」に込めた作品中の役割を考え，作品全体を一貫性あるものとして
　　　　読み，象徴から作品の価値付けを行う問いについて解説します。作品の特徴のページで紹介した，
　　　　「象徴表現としての『天の羽衣』」に関連する問いになっています。

▶問いの意図

　「天の羽衣」が何を象徴しているのかを問うことで，『竹取物語』に込めた当時の人のメッセ
ージを捉えることができます。【問い1】では『竹取物語』に描かれている2つの世界観を比
較し，かぐや姫の「地上の世界」や人々に対する想いを読み取りました。また「しばし待て」
という言葉からわかるように，「天の羽衣」はかぐや姫を天人化させる，つまり人間の心を失
わせてしまうものです。「天の羽衣」は作品として一体どんな役割を持つのかという象徴性を
【問い2】として設定することで，「地上の世界」の現実を照らし出す物語，「穢き所」である
「地上の世界」で暮らす人々との情愛を語る物語などと捉えることが可能となり，作品の本質
に迫ることが可能になります。しかし【問い2】のみの提示では，「天の羽衣」に象徴される
ものや役割を考えるだけの表層的な学習になってしまうことも考えられます。解釈の交流後，
「『竹取物語』はどんな作品だと考えますか」という問いを追加することによって，学習者自ら
作品の価値付けをすることができます。

▶問いに正対するための前提条件

　この問いは，作品の価値を見いだすためのマクロ構造を持つ問いであるため，授業の終盤に
提示するのがふさわしい課題です。ここでは，「天の羽衣」を着る，あるいは着たことで，「心
異になるなりといふ」「翁を，いとほし，かなしと思しつることも失せぬ。」「物思ひなくなり
にければ」という状態になることを丁寧に読み取っておく必要があります。「心異になるなり」
は人間の心ではなくなってしまうこと。「翁を，いとほし，かなしと思しつることも失せぬ。」
は，地上の人間としての感情がなくなってしまったということ。そして「物思ひなくなりにけ
れば」というのは，「地上の世界」の者としてではなく，「月の世界」の者として物思いにふけ
ることなく昇天してしまうことを示します。「天の羽衣」を着たことで，「地上の世界」への想
いを断絶させられてしまうかぐや姫に対して，切なさを感じる生徒は多いことでしょう。また
事前に，かぐや姫，天人，翁たちにとって「天の羽衣」はどういう意味を持つか問うことで，

作品における「天の羽衣」の役割や，作者が象徴として「天の羽衣」に込めた意味を考えやすくします。

▶交流で想定される反応

S1：「天の羽衣」は「地上の世界」での記憶を消すための「記憶消去装置」って考えたよ。天人は「地上の世界」を「穢き所」って言っているし，罪を償う場所なのに，かぐや姫がなぜそんなに「地上の世界」に未練があるのか理解できないよね。でも，かぐや姫は「地上の世界」が良いって思っているからなんか残酷だよね。

S2：私もS1と同じで，「地上の世界」の思い出を「月の世界」に持ち込んではいけないから記憶を消すためのものなのかなって考えた。だって天人から見たら，地上の人々が持っている気持ちとか心も汚いって思っているってことでしょう。それを，かぐや姫が持っていたら都合が悪いし困るんじゃないかなと思う。

S1：なるほど。僕は心がない綺麗な「月の世界」よりも，心がある「地上の世界」のほうがいいなって感じるけどね。

S3：私は天人になるための道具って考えたよ。やっぱりS1とS2と同じで，「天の羽衣」によって，心ががらっと変わっちゃうというか，分断されちゃうというかそういう「月の世界」と「地上の世界」の境界みたいな役割をしているんじゃないかな。

S4：なるほど。なんか3人の話を聞いてて，確かに天人は罪を償い終わったから迎えに来たって言ってるけど，かぐや姫って本当に罪を償い終わったのかなーって疑問に感じたんだよね。私たちから見たら，楽しかった地上の思い出とか記憶を消されてしまうことの方が罪を償っている感じがするんだよね。羽衣を着て，地上への想いを全て消してしまうことが罪の償いなのかもしれない。

▶問いに至るポイント

　古典作品を学習者が価値付ける問いを作る際には，繰り返されている言葉や表現に着目するとよいでしょう。かぐや姫の昇天の場面では「天の羽衣」が該当します。天の羽衣を着ると，「人間の心でなくなってしまう」「翁を気の毒だ，かわいそうだと思う心を失う」「物思ひがなくなる」ということが出てきます。【問い1】の「しばし待て」と言った理由を踏まえて，【問い2】で「天の羽衣」の象徴性を問うことで，作品の本質に迫ることができます。「天の羽衣」という「月の世界」の道具は，地上にいたかぐや姫を天人化させるものであり，「地上の世界」にいたことを全て消してしまうものです。かぐや姫の昇天の場面は，まさに美しくも心がない「月の世界」の天人と，悲しみに嘆く「地上の世界」の人々との姿を際立たせていると言えるでしょう。翁たちとかぐや姫の別離，二度と会えない切なさを感じる読者も多いことでしょう。

　武久康高（2017）は次のように述べています。

> 『竹取物語』における天の羽衣は，羽衣伝承（伊香小江）等のような飛ぶための道具ではなく，かぐや姫が育んできた人間としての心を「もの思ひ」がない天人の心へとあらためる働きを持っている。

　作者が『竹取物語』において，羽衣伝承のように「天の羽衣」をただの「飛ぶための道具」として描かなかったのはなぜなのか，疑問が残ります。そこで，「天の羽衣の作品中での役割」という形で問うようにします。「天の羽衣」を「月の世界」と「地上の世界」を分断する存在と解釈し，対照的な2つの世界観を描いた作品と捉える生徒もいるでしょう。また人としての心を失わせるものと解釈し，「地上の世界」に価値を見いだしたかぐや姫と翁たちの別離を描いた作品と捉える生徒もいるでしょう。

▶描出表現

　かぐや姫が「天の羽衣」を着せられ昇天する場面の，「ふと天の羽衣うち着せたてまつりつれば，翁を，いとほし，かなしと思しつることも失せぬ。この衣着つる人は，物思ひなくなりにければ，車に乗りて，百人ばかり天人具して，のぼりぬ。」では，「たてまつりつれば（さしあげたところ）」という謙譲語により，超越的な語り手による語りと判断できます。また「失せぬ（消えてしまった）」「のぼりぬ（昇ってしまった）」の「ぬ」，「この衣着つる人（この衣を着てしまった人）」の「つる」，「物思ひなくなりにければ（物思いがなくなってしまったので）」の「にけれ」は，「〜てしまう・〜てしまった」を意味し，「補助的な表現」B「モダリティの表現」として，動作の完了を示しているだけでなく，かぐや姫には最早どうしようもないという判断や，人間としての心が失われたという語り手の思いが表されています。

▶「読みの交流を促す〈問い〉の要件」の充足

要　件（▶理由）	充足
a　誰でも気がつく表現上の特徴を捉えている ▶繰り返し出てくる「天の羽衣」という言葉に着目させており，誰でも気がつくテクストの表層的な特徴に着目する問いになっています。	○
b　着目する箇所を限定している ▶昇天の場面に描かれる「天の羽衣」の中から，「ふと天の羽衣うち着せたてまつりつれば…」と，着目する箇所が指定され，読みのリソースの共有がなされています。	○
c　全体を一貫して説明できる ▶かぐや姫の昇天の部分を中心にした文脈や，かぐや姫の地上の世界での出来事に目を向けて説明することができるため，作品全体を通した一貫した説明が可能です。	○

d　いろんな読みがありえる	
▶作品全体の文脈を根拠にするため，多様な読みを可能にします。かぐや姫の心情描写から，記憶を消す役割，天人化する役割と読むことも可能です。「作品中での役割」とすることで，「月の世界」と「地上の世界」を隔絶する役割と俯瞰的に読むことも可能です。	○
e　その教材を価値あるものとする重要なポイントにかかわっている	
▶「天の羽衣」の役割を考えることは，作品における象徴性を捉えることになります。月と地上のものの見方や価値観の対比により，作者が伝えようとした思いに迫ることが可能です。	○

▶交流後の解釈例

　この作品は，「地上の世界」の人々，「月の世界」の天人，罪を償うため「地上の世界」へ送られてきたかぐや姫という三者の価値観を描いています。2つの世界に挟まれるかぐや姫の言葉に，情や苦悩といった人間性を感じ共感する生徒も多いと思われます。また問いに答える中で，かぐや姫の償いはどこまでなのか更なる疑問を抱く生徒もいることでしょう。「罪の償い」をどう捉えるかという問いの視点には，月と地上の価値観の違いに着目し，「竹取の翁」の物語として作品に込められたメッセージに迫る姿勢が伺えます。読みの交流が新たな疑問を生み，古文の言葉を根拠として考えていくことで，古典の授業は探究的な学習へと発展していきます。

> **解釈例1**
>
> 　「天の羽衣」には「かぐや姫の地上の世界での記憶を消す」役割があります。月の世界は「物思ひ」をしない場所であり，天人は地上の世界を「きたなき所」と言っています。つまり「物思ひ」をすることも「きたなき」行為であり，その感情を月の世界に持ち込むことはできないのです。　　　　　　　　　　　【天人の価値観をもとにした読み】

> **解釈例2**
>
> 　「天の羽衣」の役割は「月の世界と地上の世界の境界」です。「天の羽衣」を着ると天人化することから，人間と天人を隔絶する働きを持っています。
> 　　　　　　　　　　　【作者の構成の意図やメッセージに目を向けた読み】

> **解釈例3**
>
> 　「天の羽衣」の役割は「かぐや姫に対する最後の償い」です。翁たちの情愛に触れたかぐや姫にとって，もはや地上は罪を償う場所ではありません。地上世界に価値を見いだしたかぐや姫にとって，その心や記憶さえも消されてしまうことが償いであると言えます。
> 　　　　　　　　　　　【地上の世界の価値観をもとにした読み】

単元の学習デザイン

時	分類	問い	見方・考え方
1	ミクロ	ⒸⒹ 『竹取物語』の冒頭部分と，絵本『かぐや姫』の冒頭部分とを比較して，気付いたことを話しあいましょう。 『竹取物語』を読んで，気づいたことや疑問点を書きましょう。	語りの構造
2	ミクロ	ⒸⒹ 「月の世界」と「地上の世界」はそれぞれどのように語られていますか。	作品構造
3	ミクロ	Ⓒ 昇天部分を絵本と読み比べ，違いを見つけましょう。（表現・言葉の意味・内容の省略・語りなど） ⒶⒷ かぐや姫は地上の世界の人々をどのように思っていたのでしょうか。 ⒶⒷ かぐや姫の「物思ひ」とは何か，本文から抜き出してみましょう。	情景描写・心情描写 人間関係
4	マクロ	ⒶⒷⒹ かぐや姫が，「しばし待て」と言ったのはなぜでしょうか。【問い1】	心情描写 語り
5	マクロ	ⒹⒺ 「天の羽衣」を着ると，どうなるのでしょうか。あるいはどうなったでしょうか。 ⒸⒹ かぐや姫にとって「天の羽衣」はどのようなものだったのでしょうか。	情景描写・心情描写 作品構成
6	マクロ	Ⓔ 「ふと天の羽衣うち着せたてまつりつれば，翁を，いとほし，かなしと思しつることも失せぬ。」とありますが，「天の羽衣」の作品中での役割はどのようなものでしょうか。また，どうしてそう考えたのですか。【問い2】 ⒹⒺ 『竹取物語』はどのような作品だと考えますか。	象徴 主題 価値付け

❶単元で働かせたい見方・考え方

　月と地上の世界観や「天の羽衣」の象徴性を考え，語り手が伝えようとしたことを捉える。

❷問いの組み合わせと学習デザイン

　『竹取物語』は，現代でも絵本『かぐや姫』として読み継がれているように，「月の世界」と

「地上の世界」に揺れる「かぐや姫」の心情に共感を覚えたり，「地上の世界」の描かれ方から昔の人と現代の人の価値観の同異に気づくことのできる作品です。中学1年生にとって古典作品を読むとは，馴染みのない古語と現代語訳を照らし合わせながら読み進めていく作業と感じられがちです。現代語訳の理解に終始せず，作品に描かれている表現や世界観に疑問を持ちながら，作品の価値を見いだす体験をさせることも必要です。中学古典の入門教材である『竹取物語』では，まず，どのようなことが描かれているのかを読み解く必要があります。

作品内容や構造を捉えるためのミクロな問い

    A   登場人物の心情理解に関する問い

    B   登場人物の関係性に関する問い

    C   作品構成に関するミクロな問い

主題に迫るためのマクロな問い

    D   月と地上のものの見方・考え方の違いに関する問い【問い1】

    E   象徴性，作品の価値付けに関する問い【問い2】 **探究的な課題**

　現代を生きる学習者が，古典の世界に入り込めるような手立てとして，授業の導入で，絵本『かぐや姫』と古典『竹取物語』とを比較して読む（C・D）という方法があります。さらに問いで扱った「物思ひ」（A）や「天の羽衣」（E）という言葉に着目して2つの作品を読み比べてみると，古典作品そのものにしかない世界観に気づくことができます。

　作品の象徴性を示す「天の羽衣」（E）に関しても，絵本は「天の羽衣」に関する記述があるものとないものがあるため，両者の異なりが浮き彫りになります。このような違いを発見する体験を積み重ねるだけでも，学習者は古典作品を楽しむきっかけになるでしょう。

　単元計画の第1～3時は，絵本『かぐや姫』と『竹取物語』の異なる点に着目しながら，古典のテクストを読み，読解していくための問いです。内容，表現，語りの違いにも気づかせたいものです。現代語訳はあらかじめ提示しておいても良いのですが，古語と現代語訳の意味を照らし合わせることができるように工夫するとよいでしょう。

　第4～6時では，第1～3時の学習を踏まえて，作品の価値を見いだすための学習です。そのために，かぐや姫の心情描写（A）や，かぐや姫の昇天場面での「月の世界」の人々，「地上の世界」の人々の言動の意味（D）を捉える必要があります。そして，第6時の問い（E・【問い2】）を交流することで，生徒が多様な解釈を共有できるとよいでしょう。

〈引用・参考文献〉

武久康高（2017）「「物語の始まり」としての『竹取物語』：『竹取物語』の教材価値とその授業案」高知大学教育学部研究報告 = Bulletin of the Faculty of Education, Kochi University（77），44-33

竹村信治（2002）「翁の物語としての『竹取物語』—"古典"に親しむ"ために（長谷川滋成先生退官記念号）—（長谷川滋成先生退官記念特集）」国語教育研究（45），68-81

片桐洋一校注・訳（1994）『新編日本古典文学全集12　竹取物語・伊勢物語・大和物語・平中物語』小学館，p17，p63，p70，pp74-76

6 「羅生門」

（芥川龍之介）

　『羅生門』は，「ある日の暮方の事である。一人の下人が，羅生門の下で雨やみを待っていた。」で始まり，「外には，ただ，黒洞々たる夜があるばかりである。下人の行方は，誰も知らない。」で終わる物語です。それはこの物語が芥川の作品によく見られる「日暮れから始まる物語」であり，同時に「夜の中で終わる」物語であることを示しています。また空間的には，下人が「羅生門の下から羅生門の上に登り，再び羅生門の外に出る物語」です。下人の変化に着目すれば，「決意できずにいた下人が意を決して行動に出る物語」となります。こうした諸相を持ちながらそれらが有機的に関連しているため，様々な観点からの読みが誘発され，その1つ1つが主題と関わるものとなる作品であり，それが高校1年の定番教材となっている所以です。

　『羅生門』の主題を巡っては，「追いつめられた限界状況に露呈する人間悪であり，いわば存在そのものの負わねばならぬ苦痛」とする人間の生存に伴うエゴイズムを追ったものという読み，あるいは下人の振幅の幅の広さをもって人間の不安定さを描いたとする読み（三好行雄，吉田精一など）が一般的でしたが，関口安義の「他者と自己への反逆，謀反なくしては，生きて行けない。生きることは謀反であることを彼は悟る」といった羅生門の上での体験を若者のイニシエーションとする読みも提唱されています。

　ただ『羅生門』の魅力は，こうした主題などの記述内容にだけあるのではなく，その語られ方にもあります。

　例えば，比喩表現は，修辞的な認識の表現の1つであり，したがって，小説や詩歌だけでなく，実用文や評論などでも重要なポイントで使用されるものです。後述するように動物の直喩が多用されているのはこの作品の特徴の1つであり，その比喩をたどることで，老婆という存在や下人の変化の意味を考えることに繋がります。

　また，語りの視点から見れば「近代人の作者によって平安朝の下人が語られる物語」とも言える作品であり，こうした語りや言説分析に注目した読みは，松本修，田中実，三谷邦明などによってなされています。

　こうした語りの在り方に注目して読むことで，作品の細部が主題に直結するものであることを実感するとともに，作品全体の構造を俯瞰し，根拠を持った自分なりの読みを展開していきましょう。

作品の特徴

▶顕在化する語り手

冒頭の部分は，「作者」と名付けられた語り手によって次のように修正されます。

> 作者はさっき，「下人が雨やみを待っていた」と書いた。…だから「下人が雨やみを待っていた」と云うよりも「雨にふりこめられた下人が，行き所がなくて，途方にくれていた」と云う方が，適当である。

　冒頭の記述も，この修正された記述も間違いなくともに「作者」によって語られたものであることは同じなのですが，冒頭が下人の姿を外面的に捉えたものであり，訂正された下人の姿は下人の内面に入り込んだ上で修正されたものです。

　この部分の少し前には「旧記によると」という言説が存在し，この部分の直後には「その上，今日の空模様も少からず，この平安朝の下人の Sentimentalisme に影響した。」というフランス語が登場します。「羅生門」の語り手は，人格を持たない無色透明の語り手ではなく，主人公と一体化した語り手でもなく，「作者」と呼ばれる古典を紐解きフランス語を解する近代的教養人であることが明示されており，語り手が顔を出すこれらの表現は「草子地」とも言えるものです。この「作者」と「平安朝の下人」との距離の隔たりは，「羅生門」の語りの特徴と言えるものです。

　それまでは「申の刻下がり」と平安朝の時間で語っていた「作者」は，「それから，何分かの後である。」と現代の時法を用い，さらに，「羅生門の楼の上へ出る，幅の広い梯子の中段に，一人の男が，猫のように身をちぢめて，息を殺しながら，上の容子を窺っていた。」と，下人を「一人の男」と呼ぶことで，急激な場面転換を成功させます。それまでの，モラトリアムの許容される，鴉のいない，夕暮れの，暗いが漆黒ではない空間，市女笠や揉烏帽子も，人間も死人の肉をついばむ鴉も，さらに言えば蟋蟀さえもいない空間，したがって生き延びるための闘争からのしばしのモラトリアムが許される空間から，漆黒の闇の中に灯火の光が揺れる空間，「どうせ死人ばかり」だと高をくくっていたのに得体の知れない者との闘争の可能性のある，したがって細心の警戒を必要とする空間にいきなり移行することができたのは，語り手と主人公の距離に負うところも大きいでしょう。下人に寄り添ったままの語りであったとしたら，ここまでの見事な転換はできなかったはずです。

　また，「作者」は下人の心理を克明に分析して描写しています。そうした表現は，「従って，合理的には，それを善悪のいずれに片づけてよいか知らなかった。しかし下人にとっては，この雨の夜に，この羅生門の上で，死人の髪の毛を抜くと云う事が，それだけで既に許すべから

ざる悪であった。」など，随所に見られます。

　「合理的には」判断のつかない下人は，「感覚的」に「許すべからざる悪」だと判断するわけ
ですが，これはあくまで平安朝の下人の心理の直接話法や間接話法による描写ではなく，「作
者」という名の語り手の目で見た分析です。直接話法では絶対に表現することのできない，下
人の無意識の解析であるわけです。これも，語り手と下人との距離が可能にしたものです。

　さらに，語り手と主人公の距離感は，描出話法（自由間接話法）に，次のような奇妙な奥行
きを感じさせる効果を生みます。典型的なものが末尾近くの次の表現です。

　そうして，そこから，短い白髪を倒にして，門の下を覗きこんだ。外には，ただ，黒
洞々たる夜があるばかりである。

　「覗き込んだ」までは語り手による描写であり，「ただ，黒洞々たる夜があるばかりである。」
は，この物語の中で唯一の老婆の視点で描かれたものに思われます。しかし一方で，語り手の
言葉にも読める表現です。その上で，「下人の行方は，誰も知らない。」と突き放され，読者は，
逆さまになった老婆の視点から，語り手の視点へ，そして物語の外の現実の自己へと，視野の
広がりにも似た急速なズームアウト，フェイドアウトを体感します。

▶登場人物の関係

　登場人物は下人と老婆の二人だけですが，その関係は，羅生門の上の限られた空間の中で，
短い時間の間で大きな振幅を繰り返します。

　行為
　(1)「ただ者ではない」と思われる者を警戒しつつ凝視
　(2)老婆の発見とその行為の観察
　(3)老婆をねじ伏せての詰問
　(4)声を和らげての詰問
　(5)老婆の「仕方がなくしたことは，悪と思われることでも許される」という語り
　(6)着物をはぎ取り，老婆を蹴倒して逃走

というように，下人にとって老婆は，警戒の対象から，支配すべき対象，そして簒奪（強奪）
すべき対象と変化しています。この中で(5)だけが，老婆から下人への具体的な行為で，それ以
外は下人の一方的な関わりの変化となっています。この変化をもたらしたのは，次のような下
人の心理の激しい変化です。それぞれ上の行為は次の感情が引き出したものであり，それぞれ
の番号が対応しています。

感情

  (1)ある強い感情

  (2)六分の恐怖と四分の好奇心

  (3)憎悪の拡大・悪を憎む心の支配

  (4)安らかな得意と満足

  (5)老婆の答への失望・憎悪の回帰と冷ややかな侮蔑

  (6)盗人になってでも生きるという勇気の芽生え

　老婆の行為である(5)の語りも，(5)の下人の感情を老婆が感得したために引き出されたものです。この語りによって，下人は(6)の感情を芽生えさせ，(6)の行為に及びます。

　この時に奪取するのは，老婆の着物であると同時に，「仕方がなくしたことは，悪と思われることでも許される」という老婆の論理であり，その論理に従って闇の中でも生きるという生き方でもあります。原典とも言える「羅城門ノ上層ニ登リテ死人ヲ見ル盗人ノ語」（『今昔物語集』巻二十九第十八）では，下人は既に老婆によって抜き取られた髪の毛を奪うのですが，それには目もくれず，老婆の着ていた着物を剥ぎ取り老婆を蹴倒します。このような「簒奪」自体に意味を見るならば，この門の上での出来事をイニシエーションとして捉える読みが成立します。若者の象徴である面皰から右手を離すのがスイッチとなっている点も象徴的かもしれません。

　ただ，繰り返しになりますが，この関係の変化を生んだ下人の心理は，あくまで下人との距離を保った「作者」の視点から解析されて語られたものです。下人の自覚としては，この場面に至る前の「…選ばないとすれば──」という内心の表現などに限られています。語り手による典型的な記述は「──いや，この老婆に対すると云っては，語弊があるかも知れない。むしろ，あらゆる悪に対する反感が，一分毎に強さを増して来たのである。」などでしょう。「雨やみを待っていた」を「雨にふりこめられた下人が，行き所がなくて，途方にくれていた」と訂正した記述と同様に，「作者」自身によって修正される過程を露わに見せる表現です。

　もちろん，語っているのは「作者」なのですから，最初から修正後の表現で記述することも可能なのですが，冒頭が「雨やみを待っていた」でなければならなかったように，ここでも「この老婆に対するはげしい憎悪が」という記述はどうしても必要なものであり，そうでなければあまりにも下人から語り手が遠ざかりすぎて，読者の下人の内面への寄り添いを妨げることになります。

　なお「一分毎」を「ぷん」という現代の時法で読むか，「六分の恐怖と四分の好奇心」という記述に倣って「ぶ」と読むかは，読者が語り手の位置を捉える分岐点となるものでしょう。

【問い１】　登場人物の関係・主題に関する問い

> 下人や老婆を表す直喩表現のうち動物を使っているものに傍線を引き，使用されている場面と共通する特徴について考えてみましょう。また，そのことは，どのような意味を持つでしょうか。

▶▶▶　下人と老婆を表す直喩表現から共通する特徴を見いだすことで，そのように喩えた理由を語りの立場から捉えるための問いについて解説します。作品の特徴のページで紹介した，「登場人物の関係」に関連する問いになっています。

▶問いの意図

　この物語では下人や老婆を表すのに動物の直喩が多用されています。その特徴と意味について分析するような問いが想定されます。この問いは，一見，比喩表現という表現上の効果について学ぶためのもののように見えます。しかし，その表層の分析から，下人と老婆の存在のあり方や下人の変化の意味という主題に直結するものです。

下人を表現する直喩

　　a　この門の上へ持って来て，犬のように棄てられてしまうばかりである。
　　b　一人の男が，猫のように身をちぢめて，息を殺しながら，上の容子を窺っていた。
　　c　下人は，守宮のように足音をぬすんで，

老婆を表現する直喩

　　d　檜皮色の着物を着た，背の低い，痩せた，白髪頭の，猿のような老婆である。
　　e　丁度，猿の親が猿の子の虱をとるように，
　　f　丁度，鶏の脚のような，骨と皮ばかりの腕である。
　　g　肉食鳥のような，鋭い眼で見たのである。
　　h　その喉から，鴉の啼くような声が，喘ぎ喘ぎ，下人の耳へ伝わって来た。
　　i　蟇のつぶやくような声で，口ごもりながら，こんな事を云った。

　下人の直喩を見ると，ａの犬は死体と同じ存在であり，餓死をした後の下人自身の想像です。ｂｃは楼の上を伺う下人の警戒心が動物の比喩で描写されています。「盗人になるかどうか」を逡巡することなどありえない動物的存在となって警戒していることがわかります。

　老婆の直喩を見ると動物の比喩が多用され，最初はｄｅの「猿」として観察され，ｆｇｈでは「鳥」であり，その声は，「鴉」であるとともに不気味なｉ「蟇」です。こうして見ると比喩の中心が「鳥」であることがわかります。特に老婆の初めての発話の前にあるｇ「肉食鳥」

とh「鴉」は重要でしょう。直喩表現に対応するように，物語には次のような動物が登場します。

> j　大きな円柱に，蟋蟀が一匹とまっている。
> k　するとその荒れ果てたのをよい事にして，狐狸が棲む。盗人が棲む。
> l　その代りまた鴉がどこからか，たくさん集って来た。昼間見ると，その鴉が何羽となく輪を描いて，高い鴟尾のまわりを啼きながら，飛びまわっている。ことに門の上の空が，夕焼けであかくなる時には，それが胡麻をまいたようにはっきり見えた。鴉は，勿論，門の上にある死人の肉を，啄みに来るのである。――もっとも今日は，刻限が遅いせいか，一羽も見えない。
> m　丹塗の柱にとまっていた蟋蟀も，もうどこかへ行ってしまった。

ただ，物語に登場する動物，といってもこの現実の存在として登場するのはjの「蟋蟀」だけなのですが，その「蟋蟀」もまたmで下人が門の上に上がる前に姿を消し，「生きている者の徹底的な不在」が表現されます。

kの「狐狸」については，「盗人」と並列されている点に注意すべきでしょう。ともに，羅生門に棲む「生きる」ことを前提とした存在です。

そしてlです。「肉」を啄む「鴉」は，比喩としてではなく登場しています。この羅生門の死人の肉を啄んででも生きる存在です。しかし今は，「一羽も見え」ません。

このように見ると，老婆が，動物的，とりわけ「鴉的」な存在であることがわかります。そして一方，下人が逡巡していた門の下の世界は，生きている人間だけではなく，こうした動物たちすら存在しません。この徹底的に生者の存在しない世界が，下人にモラトリアムを許容していると言えるでしょう。

以上のように読んでくると，この「羅生門の下から羅生門の上に登り，再び羅生門の外に出る物語」は，「動物の本能に従って『生きる』決断を先延ばしにしていた下人が，『鴉』的な存在になることを決意する物語」として捉えることができます。

なお，動物の比喩ではありませんが，末尾近くに「死んだように倒れていた老婆が，死骸の中から，その裸の体を起したのは」という直喩があります。下人の行為は，「鴉的存在」を簒奪し，老婆を「死体」の領域に蹴倒した行為であり，それでも老婆がその死体の位置からしぶとく這い出してきたことを示す記述として読むことも可能でしょう。

「下人の行方」とともに「老婆の行方」を考えてみるのも面白いかもしれません。

▶問いに正対するための前提条件

「直喩」は「～のような」といった指標が見えるので，「隠喩」に比べて理解は容易なはずです。もし「『黒洞々たる夜』は何の隠喩か」あるいは「『羅生門』という門は何の隠喩か」とい

う問いが投げかけられたとしたら，それに答えることは，ほとんど自分の読みの総体を答えることと同じ重さを持つことになります。むしろ，「隠喩」も含めた比喩表現の説明が必要となるでしょう。ちなみに，冒頭近くの「この男のほかにも，雨やみをする市女笠や揉烏帽子が，もう二三人はありそうなものである。」の「市女笠や揉烏帽子」は，「換喩」による表現です。

　また，動物も含めた生者の徹底的な不在，特に，死人の肉を啄む鴉の不在を押さえておくことも，直喩の意味を深く考えるために必要なことでしょう。

▶交流で想定される反応

Ｓ１：傍線を引いてみると，下人の場合，梯子を登って上を伺っているあたりに集中している。門の下と違って，野生動物のように神経を張り詰めているんだ。

Ｓ２：老婆についての動物の直喩もそれに続く場面に集中している。猿でしょ，鶏でしょ，肉食鳥でしょ，それから鴉。そして墓。なんだかあまり美しい感じの動物はいないね。語り手が老婆の不気味な感じを出したかったのかもしれない。

Ｓ３：ちょっと待って。実際，老婆がそのような不気味な存在だった，少なくとも下人の目には，そんな不気味な動物に感じられたってことだよね。

Ｓ４：直喩表現って，語り手がそんなふうに表現したかったっていうことじゃないの？

Ｓ１：それにしても，老婆の直喩表現って，鳥に関するものが多くない？

Ｓ２：「鶏」「肉食鳥」「鴉」…下人が老婆に近づいたときは「鳥」だ。

Ｓ３：近づいてみると鳥に見えるってことは，下人がそう感じているわけでしょ。

Ｓ４：ねえ？　…「鴉」ってどこかで本物が登場していなかった？

Ｓ１：ここ！　今日は一羽も見えないけれど，いつもは羅生門の上を飛び回っている。「門の上にある死人の肉を，啄みに来る」だって。だから…「肉食鳥」だ！

Ｓ３：死人の髪を抜いて生きているのは，死人の肉を啄むのと似た行為ってことか。

▶問いに至るポイント

　同じ対象でありながら，比喩の在り方によっては全く違う印象ともなり得ます。この相違が，対象の正確な描写なのか，語り手の把握の反映なのか，語り手の表現意図によるものなのかを考えることで，作品の解釈は別の視点を獲得することになります。比喩の意味を直接問わず，使用されている場面との関係を捉えさせ，作品における意味を問うとよいでしょう。

▶描出表現

　老婆を表す動物の直喩は，「下人の眼は，その時，はじめてその死骸の中に蹲っている人間を見た。」以下に続く描出話法による記述の中に初めて現れ，その後幾度かの語り手による下人の心理の詳細な解析を挟みながら，その解析の部分以外の，下人の視線と重なる部分に用い

られています。従って客観的に鴉の声に似ていただけではなく，下人の目や耳が見た（聞いた）老婆であり，同時に語り手が意識的にイメージを付与した表現であると言えるでしょう。「作者」は自己の記述の訂正さえ行う語り手であることも考慮に入れるべきです。

▶「読みの交流を促す〈問い〉の要件」の充足

要　件（▶理由）	充足
a　誰でも気がつく表現上の特徴を捉えている ▶「直喩」は「〜のように」「〜のごとく」という目に見える特徴を持っています。高校1年生に対しては，比喩自体の説明が必要となるでしょう。	○
b　着目する箇所を限定している ▶「直喩」の持つ上記の特徴や「動物」「下人や老婆」という条件により，注目すべき箇所は自ずと限定されます。出現の場面も限定的です。	○
c　全体を一貫して説明できる ▶動物の直喩は出現する場面が限定されますが，その他の場面は「動物の直喩が出現しないことの意味」として一貫して説明できます。また作品全体に出現する比喩表現や現実の動物に関する記述は，動物の直喩との関係で捉え直すことができます。	△
d　いろんな読みがありえる ▶語り手の意図をどこまで読むか，そのときの心理の反映なのか人物の生き方の表現なのか，といった差異はありますが，老婆が「動物的」「鴉的」存在である点から大きく逸れる読みにはならないでしょう。	△
e　その教材を価値あるものとする重要なポイントにかかわっている ▶老婆の存在，老婆と下人の関係，下人の変化といった物語の骨格に直結します。	○

教材 6

羅生門

▶交流後の解釈例

> **解釈例1**
>
> 老婆を表す動物による直喩は，下人が老婆を警戒，闘争の対象と捉えていることを意味している。　　　　【比喩表現（描出話法）を下人の目や耳が捉えたものとする読み】

> **解釈例2**
>
> 老婆を表す動物による直喩は，動物的な老婆の生き方を意味し，若い下人がその生き方を簒奪していくことを表している。
> 　　　　【比喩表現（描出話法）を語り手の表現意図によるものとする読み】

【問い2】 語り手・空所に関する問い

末尾に「下人の行方は，誰も知らない。」とありますが，その後，下人はどうなったと想像されますか。どうしてそのように考えたのですか。

▶ ▶ ▶ 　末尾の一文を空所として捉え，下人のその後を考える事で，作品の主題に迫るための問いについて解説します。作品の特徴のページで紹介した，「語り手」に関連する問いになっています。

▶問いの意図

　「下人の行方は，誰も知らない。」と語るのは「作者」と名付けられた語り手です。したがって，どのようなその後の下人を描いても許されるはずなのですが，そうした一切の限定を外して，「作者」自身も知らないと語るオープンエンドだと思われます。

　その後の下人への想像は読者に委ねられるわけですが，完全に自由というわけではありません。この最後の一文をどう読むかは，それまでこの物語全体をどう読んできたかに拘束されます。想像の根拠を問うことで，その一人ひとりの読みが明らかになり，物語の本質に近い所での交流が期待できると同時に，自分の読みの根拠を確認することになります。

　なお，私たちが今見ているテクスト（春陽堂　1918）の「下人の行方は，誰も知らない。」という終結が，改稿後のものであることはよく知られています。この改稿は，意図的に巨大な〈空所〉を作り出したものであり，下人と語り手との距離を活用した見事な表現と言えます。この〈空所〉によって【問い2】が成立し，多様な読みの交流が期待されるわけです。ある程度話し合いが煮詰まったところで，初出の表現を紹介し，作者（芥川）の改稿の意図を問うことも考えるべきでしょう。さらなる読みの深まりが期待されます。

▶問いに正対するための前提条件

　その後の下人を問うためには，それまでの読みの中で，自分なりの下人像，老婆像が形成されていることや，表現の意味付けが必要でしょう。そうでない場合，根拠に欠けた恣意的な解釈に流れる恐れがあります。

▶交流で想定される反応

【下人の行方について】

Ｓ１：下人は面皰のある若者だったわけでしょ。面皰から手を放して，決心がついたというか，暗黒面が目覚めたということだよね。やっぱり盗人だよ。

Ｓ２：老婆を蹴倒して自分も他人を食い物にしてでも生きていこうとしたのだから，盗人にな

って生きていくとしか考えられないでしょ。

Ｓ３：じゃあ，なんではっきりそう書かないわけ？

Ｓ１：だって，「黒洞々たる夜」はいわば正義の働かない悪の世界でしょ。その中に走って行って，その行方を誰も知らないわけだから，検非違使なんかに捕まることなく生きのびていったということじゃないの？

Ｓ３：この下人，盗人になって生きていけるのかな。案外もとの主の家に押し入って，逆に切り殺されたりして。

Ｓ４：そうそう。そして羅生門の上に放り出されて転がっていたりしてね。そうなったら下人の行方は「誰も知らない」ことになる。

Ｓ３：老婆だから蹴倒して勝てたけれど，刀が使える相手だったらアウトだよね。弱肉強食の世界なんだから。…ねえ，盗みに行った先って，都の中へ，だよね。

Ｓ２：そうそう。盗人になるんだったらやっぱり都でしょ。

Ｓ４：「旅のものだ」なんて言っていたから地方に行くかもしれないよ。だって都は戦乱で落ちぶれているんだよ。地方の方が豊かかもしれない。

Ｓ２：都が衰微していたわけだから，都自体が，生きていくためには何をしてもしょうがない正義が通じない世界だった。とすれば，やっぱり都の中かな？

Ｓ３：…ねえ？　本当に盗人になったのかな。

Ｓ１：決まっているじゃない。『今昔物語』だって盗人の話だったでしょう。

Ｓ３：でもはじめは，迷っていたわけでしょ。それが，恐怖と好奇心で，だんだん悪を憎む心が強くなって100パーセント正義になっちゃって，次が，得意と満足，侮蔑，そして悪を行う勇気，でしょ？　こんなにコロコロ変わる人なんだよ。

Ｓ４：うーん。そうだね。論理というより，気分で決める人だしね。

Ｓ２：ということは，本当にその後は「誰も知らない」のかな。

【改稿の意図について】

Ｓ１：やっぱり盗人じゃないか。しかも「強盗」だよ。老婆を蹴倒したんだからそうだよね。なんか，闇の中に消えていく下人は少しカッコイイかもしれない。

Ｓ３：でもさ，教科書の形に自分で直したんでしょ。だから，「盗人になったとは限りませんよ」というメッセージに変えたんじゃないの。

Ｓ２：逆にはっきり言わないことで，悪の世界を生きていく下人を強調したってことは？

Ｓ４：うーん。下人はどこに消えたのだろう。

▶問いに至るポイント

　『帝国文学』（大日本図書　1915）の初出では，「下人の行方は，誰も知らない。」という終結が次のような記述であったことはよく知られています。

> 下人は，既に雨を冒して，京都の町へ強盗を働きに急ぎつゝあった。

　この初出のままであれば，下人の行方は明確であり，その生き方も，「強盗」という強い意志を必要とするものです。その闇の風景は，盗人が暗躍する空間，生きるためには他者を襲うことも許される空間として限定されることになります。さらに，初出のままなら「雨に降り込められ」ていた下人が「雨を冒」すものとなった，という照応がより明確であったはずです。平安朝の人々にとって，夜の雨やそのもたらす闇は逢瀬をも憚らせるものであり，それを冒す者は，盗人や新興の武士といった限られた人たちでした（「源頼信朝臣ノ男頼義，馬盗人ヲ射殺セル語」『今昔物語集』巻二十五第十二など）。その意味でも，「下人の行方は，誰も知らない。」よりも，闇の中の下人を透視していた語り手は，「平安朝」の下人に近い位置にいたと読めます。問いの作成では，初出と改稿後の違いから改稿の理由を考えることで，作品に込められたメッセージを捉えさせたいものです。そのためにも，作品の空所となる「下人の行方は，誰も知らない。」のその後の下人を考えさせることで，作者との対話を促すとよいでしょう。

▶描出表現

　「下人の行方は，誰も知らない。」の直前の「外には，ただ，黒洞々たる夜があるばかりである。」は，先に述べたように唯一の老婆の視点とも捉えられる描出話法によるものですが，【問い2】と併せて考えるべきものです。これは，下人が駆け下りていった「夜の底」とともに，「闇」をどう捉えるかという問題でもあります。「ある日の暮方」は，闇になり切っていない空間です。羅生門の上は，闇の中で光のうごめく空間，そして下人の正義の刃のきらめく空間でした。そして黒洞々たる夜があるばかりの空間へと下人は消えていきます。その「闇」の読み方も，倫理の崩壊した「無明の闇」という読み，先の見えない「不確定の世界」といった読みなど一人ひとりの物語全体の読みが反映する多様性を持っています。

　下人の心理変化とその変化の原因をどのように捉えるか，あるいは，【問い1】についてどのように考えるか，といったことも，一人ひとりの読みの形成に関わってくるものです。

▶「読みの交流を促す〈問い〉の要件」の充足

要　件（▶理由）	充足
a　誰でも気がつく表現上の特徴を捉えている ▶すべてを読者の読みに委ねるという極めて特徴的な終わり方に着目する問いです。	◯
b　着目する箇所を限定している ▶最後の一文に限定し，着目する箇所が指定されることで，読みのリソースの共有がなさ	◯

れています。	
c 全体を一貫して説明できる ▶下人のその後の想像の根拠を，自分のそれまでの読みと一貫させて説明するように促す必要があるでしょう。	△
d いろんな読みがありえる ▶「盗人として強く生き延びた」「誰にも知られずに死んだ」「状況や他人の影響によって心変わりを繰り返した」といった多様な読みがあり得ます。	○
e その教材を価値あるものとする重要なポイントにかかわっている ▶意図された最大の〈空所〉を問う問いであり，下人を，あるいはこの物語自体をどのような存在として捉えるか，という中心的課題になります。	○

▶交流後の解釈例

解釈例1

　下人は，老婆の「生き方」を奪い取って，盗人になって，弱肉強食の都を力強く生きのびた。下人の去って行った「夜の底」は，倫理の崩壊した世界である。その行方を誰も知らないのは，検非違使などに捕縛されることがなかったからである。一見，改稿によってそのことは曖昧になったようにも見えるが，「黒洞々たる夜」で既にそうした生き方が示されており，改稿によって暗示的に強調されている。

解釈例2

　下人は，盗人になる勇気を獲得し，弱肉強食の都を生きようとしたが，その行為の中でより強い者に成敗されて死を迎え，例えば羅生門の上に捨てられた。もともとの下人は優柔不断の普通の人間であり，蹴倒した相手の老婆にしても生者と戦って生きてきた強者ではなく「勝敗は，はじめからわかっている」相手だった。仮に下人が初出のように（「こそ泥」などではなく）「強盗」を選んだのだとしたら，老婆のようにしぶとく生きのびたとはより考えにくく，髪の毛を掠め取るしたたかさを持たない下人の未来は悲劇的だろう。改稿は，そうした可能性を残そうとしたものである。

解釈例3

　下人は，しばらく都で盗人として生きたが，やがて，全く逆の倫理観を持った者に影響され，あるいは思わぬ幸運に恵まれ，盗みをやめてまともな人間として生きた。もともと下人は飢え死にまで考えるような善良な人間であり，その判断は感覚的な場当たり的なものであった。改稿は，そのように下人の在り方が1つの方向に定まらなかったことを示そうとしたものである。

単元の学習デザイン

時	分類	問い	見方・考え方
1	ミクロ	初読の気づきや疑問点を書きましょう。 どのような舞台設定となっていますか。 Ⓐ Ⓓ	作品の構造
2	ミクロ	動物も含め，今この空間に「生きている者」にはどんな者がいるでしょうか。 Ⓒ Ⓓ 物語の語り手はどんな人でしょうか。 Ⓒ 下人の行動規準はどのようなものでしょうか。（なぜ下人は『旅の者だ』などと嘘をついたのですか。） Ⓐ Ⓑ	語り手 作品の構造
3	ミクロ	「一人の男」という表現の意図を考えましょう。 Ⓒ Ⓓ 老婆と死体の描写について抜き出し，気づいたことを書きましょう。 Ⓐ Ⓑ Ⓒ Ⓓ	語り手 作品の構造
4	マクロ	下人の心理の変化とその原因をまとめましょう。 Ⓐ 老婆との対決，支配はどのように描かれていますか。 Ⓑ Ⓒ Ⓓ	人間関係 語り手
5	マクロ	老婆の語ったのはどのような論理でしょうか。 Ⓐ 下人はなぜ老婆の着物をはぎ取り，蹴倒し，「夜の底」へと駆け下りたのでしょうか。 Ⓐ Ⓑ Ⓓ	主題 人間関係 作品の構造
6	マクロ	下人や老婆を表す直喩表現のうち動物を使っているものに傍線を引き，使用されている場面と共通する特徴について考えてみましょう。また，そのことは，どのような意味を持つでしょうか。【問い1】 Ⓒ	主題 語り手
7	マクロ	『今昔物語集』と読み比べるとどのように異なりますか。 Ⓑ Ⓔ	語り手 主題
8	マクロ	末尾に「下人の行方は，誰も知らない。」とありますが，その後，下人はどうなったと想像されますか。どうしてそのように考えたのですか。【問い2】 Ⓕ	主題　語り手 作品の構造

❶単元で働かせたい見方・考え方

下人と語り手の距離に着目し，作品の空所を考えることで，主題を捉える。

❷問いの組み合わせと学習デザイン

作品内容や構造を捉えるためのミクロな問い

A　心理に関する問いや心理の変化をまとめる作業

B　行為の理由に関する問い

C　語り手に関する問い【問い1】

D　場面設定や人間関係に関する問い

主題に迫るためのマクロな問い

E　『今昔物語集』との読み比べによって読みを形成するための問い　　**探究的な課題**

F　作品の空所に関する問い【問い2】　　**探究的な課題**

　小説を教材とした授業においては，主人公を含めた登場人物の心理を追う学習が中心になる場合が多いようです。それは，必ずしも心理が明示的に示されていないからこそ問いが成立し，学びが成立するわけです。対話文中の会話は内心と一致するとは限らず，行動や仕草，表情から推測しなければならない場合もあります。天候や色彩といったものを心理の象徴的表現として捉えることで初めて，心理に迫れる場合さえあります。ところが「羅生門」の場合には，下人の心理は徹底的に「作者」によって表面に曝されています。ということは，下人の心理の変化については〈空所〉は存在せず，したがって，Aは中心的な問いとしては成立せず，確認のための問い，あるいは他の問いの前提となる学習となります。例外的なものは，例えば「なぜ下人は『旅の者だ』などと嘘をついたのですか」のような行為の理由（B）を問うものです。

　こうした問いや，C・Dなどによって，交流の基盤となる一人ひとりの読みを形成しましょう。さらには，Eの問いは，「原典の『今昔物語集』では，髪の毛も奪っているのに，なぜこの物語の下人は，老婆の抜いた髪の毛を奪わず老婆の着物を剥ぎとり蹴倒したのですか」のような広がりを持ちます。これらの問いと，【問い1】（C）【問い2】（F）のような大きな問いを組み合わせることで，多様な角度からの交流が可能になります。

〈引用・参考文献〉

三好行雄（1962）「『羅生門』鑑賞」『現代日本文学講座　鑑賞と研究　小説5』三省堂

平岡敏夫（1982）『芥川龍之介－抒情の美学』大修館書店

松本修（1983）「媒介としての門　『羅生門』研究」『Groupe Bricolage 紀要』No. 1　Groupe Bricolage

田中実（1996）「批評する〈語り手〉－芥川龍之介『羅生門』」『小説の力－新しい作品論のために』大修館書店

三谷邦明（1996）「『羅生門』の言説分析」三谷邦明編『近代小説の〈語り〉と〈言説〉』双書『物語学を拓く』2　有精堂出版

松本修（1997）「『羅生門』の〈語り〉－教材研究におけるナラトロジー導入の可能性と問題点－」日本近代文学会編集委員会編『日本近代文学』57

関口安義（2003）『芥川龍之介』岩波書店

芥川龍之介『羅生門』青空文庫

7 「山月記」

（中島敦）

　「人間」が「虎」となる虚構を描いた『山月記』では，「なぜ李徴は虎になったのか」という疑問を中心に，「人格教育」のための読解指導が行われてきました。主人公の気持ちに共感することで自分自身の生き方や考え方を省み，「人間存在の不条理さ」や「自意識」について理解を深めることは大切なことです。しかし，主人公に反面教師としての生き方を読み取るような着地点が一つになる「定番化した問い」は，「定番化した答え」を導くことになりました。

　李徴の人物像は，李徴本人による語り，袁傪の語り，超越的な語り手の語りなど，いくつかの視点によって創られていきます。誰の視点でどのように語られているのか，なぜそのように語るのかに着目することで，李徴を多面的に判断し作品に新たな意味付けをすることが可能になります。語りに着目して読むことで，主人公に共感したり反発したりしながら，『山月記』の世界を楽しみましょう。

作品の特徴

▶語り手

　『山月記』の（起）の部分はプロローグとしての性質をもち，超越的な語り手により李徴の心理が覗かれる形で，李徴の人物像と虎になるまでが解説されます。（承）の部分では超越的な語り手により，旧友袁傪の前に虎になった李徴が躍り出た事が語られ，その後李徴の告白が続きます。袁傪が李徴に同調し受容する聴き手になることで，初めて虎の李徴は語ること，語りを残すことが可能になるのです。

　この作品の特徴は，物語の大部分の語り手である超越的な語り手が，袁傪に寄り添った語り手と見ることができる点です。例えば「（袁傪は昔の青年李徴の自嘲癖を思出しながら，哀しく聞いていた。）」や「人々は最早，事の奇異を忘れ，粛然として，この詩人の薄倖を嘆じた。」は超越的な語り手によるものですが，袁傪やその一行の心中を表しています。李徴に寄り添う袁傪の姿が語られることで，読者自身も聞き手の一人として李徴の語りを受容し，李徴の心情に共感した読みが誘われるのです。

　しかし，語り手は必ずしも袁傪に同化しているわけではありません。特に注目してほしいのは本文中に挿入される括弧書きの3箇所の言葉，①（非常に微妙な点に於て）②（袁傪は昔の青年李徴の自嘲癖を思出しながら，哀しく聞いていた。）③（虎に還らねばならぬ時が）です。①②は作中人物に同化しない，物語を統御する者として独立した語り手の位置を強く示す箇所となっています。

例えば②は旧詩を吐き終えた李徴の語りに挿入された言葉であり，李徴の語りを聞く袁傪の心中を解説した部分です。「自らを嘲るが如くに言った」と初めに指摘したのは語り手です。それに続いて，語り手は李徴の語りの中に入り込み，「（袁傪は昔の青年李徴の自嘲癖を思出しながら，哀しく聞いていた。）」と語ります。語り手は，李徴の語りの中にあえて介入し，袁傪の実体験を提示することで，自らの指摘した李徴の自嘲癖を裏付けようとするのです。こうした語りの仕掛けにより，語り手は作中人物である袁傪を用いて李徴に対する自分の受け止め方を強調しているのです。

　「山月記」の語り手は，作中人物を氏名や代名詞で呼び，物語内容からは超越した物語視点に立つ語り手であり，全ての登場人物の心の中を覗くことのできる超越的な語り手となっています。また，語りの仕掛けとして（　）の部分に着目させ，その発言の主体と挿入の意義を考えることで，袁傪の人物造形が語り手によってなされていることが認識できます。

▶空所

　本作品では，①欠けるところ（詩人になれなかった原因）②虎になった原因，の２つの空所が，李徴の人間性を成り立たせる働きをしています。

　①は虎になった李徴の詩に対して，「何処か（非常に微妙な点に於て）欠けるところがあるのではないか」とする袁傪の感想です。詩も「欠けるところ」も作品中に明示されないため，読者は空所として飛躍を埋めていきます。

　その際，李徴の人物像から「愛の欠如」「人間性の欠如」「詩への執着が足りず，詩人になりきれていない」等が挙がる事が予想されます。しかし一流の芸術が成立する原因はわかるものではありませんし，愛や人間性が欠如していても名を残す人もいます。また袁傪は李徴の詩に対し「何処か」「欠けるところ」としており，その対象を特定できないため「非限定的」な読みが生じることになります。人が虎になるという作品の謎に迫る重要箇所でありながら，読者の人間観の違いが解釈に色濃く反映され，「ナンデモアリ」の読みを導く危険性も含んでいるのです。

　（非常に微妙な点に於て）は，袁傪の断定できない思いの表出とも，語り手の言葉とも捉えられる箇所です。

　語り手の言葉とした場合，欠けるところがあると袁傪に同意しつつも，「点において」と限定性を備えていることを指摘しています。さらに詩への理解が袁傪より優れていることを示し，李徴だけでなく袁傪にも批評的な語り手を読み取ることになります。

　一文における非限定的表現と限定的指摘の同時存在は，袁傪と語り手の二人の視点で「欠けるところ」を見つめ，重層的な作品の意味付けを可能にします。

教材
7

山
月
記

【問い1】 語りと空所に関する問い

> 「何処か（非常に微妙な点に於て）欠けるところがあるのではないか」とありますが，（　）は誰の言葉で聞こえますか。また，どのようなところが欠けているのか考えましょう。

▶▶▶ ここでは，文章中に挿入される（　）の語り手を考えることで，「欠けるところ」とは何かといった作品の空所を埋める問いについて解説します。作品の特徴のページで紹介した，「語り手」と「空所」の両方に関連する問いとなっています。

▶問いの意図

　李徴の詩に欠けるところとはどこかを考えることによって，虎となってしまった李徴の生き方を見つめさせるための問いです。「欠けるところがある」と指摘しているのは袁傪ですが，（　）書きの挿入箇所に着目させることで，袁傪以外の視点で「欠けるところ」を検討することになります。李徴像がより重層的に把握できるようになるのです。

　また，この問いは「欠けるところ」が作品の空所となっているため，読者はその飛躍を跳び超え，埋めていく必要が出てきます。しかし「欠けるところ」が何なのか明示されていないこともあり，学習者の人生観の違いで「多様な読み」が生じ，それを吟味せず認めてしまうと「ナンデモアリ」の読みのアナーキーを認めることとなってしまいます。主観的な読みのみを根拠にした解釈ではなく，本文を根拠に答えを導かせる必要があります。自分の解釈の根拠を交流し合うことで，自らの読み方をメタ認知し，読みの深化がはかられていきます。

　一文中に（　）書きと空所が挿入されるこの問いは，まず初めに「欠けるところ」と指摘したのは誰か，どのような人物なのか押さえる必要があります。

　前の文に「しかし，袁傪は感嘆しながらも漠然と次のように感じていた。」とあることから，袁傪であることがわかります。また，旧詩を吐き終わった李徴は，「羞しいことだが，今でも，こんなあさましい身と成り果てた今でも，己は，己の詩集が長安風流人士の机の上に置かれている様を，夢に見ることがあるのだ。」と語り始めることから，最も自分の詩を見てほしい「長安風流士」と呼ばれるのに相応しい登場人物，そう呼ばれる資格があるのは袁傪だと捉えることが可能です。

　袁傪と李徴は，性格も地位も対照的に描かれています。特に，鈍物として歯牙にもかけなかった同輩の下命を拝さねばならない「地方官吏」の李徴と，彼らを取り締まるべく皇帝の「勅命」を奉じて地方へ派遣されている「監察御史」の袁傪との社会的地位の差は圧倒的なものとなっています。李徴の言う長安風流士が袁傪を直接示しているわけではありませんが，それに見合う教養を身につけている袁傪が，長安風流士から外れるはずはないと考えられます。

そんな袁傪が下した「欠けるところがあるのではないか」という指摘は，確かなものとして作中の中で権威づけられています。それらをふまえた上で「欠けるところ」の空所を埋めると，袁傪の語りや心中思惟を根拠にした，物語内容に沿った一定の答えを求めることとなります。

　そこで，（　　）書きの挿入箇所の語りに着目させ，袁傪の語りに含まれるもう一つの声を一緒に考えさせる必要があります。

　袁傪は李徴の詩に対して「何処か」「欠けるところがあるのではないか」と「感じて」いると語っていますが，それは「どこか」でしかなくその対象となる場所は特定できないため「非限定的」な読みとなります。これに対して（非常に微妙な点に於て）と（　　）の語りが挿入されます。この部分には欠けるところがあるという同意がありつつも「点に於て」という指摘をしめしており，特定される答えはないものの「限定的」な意味合いを持っています。

　このような着目の仕方をすると，また違った視点から読むことも可能になってきます。登場人物であり長安風流士の袁傪には捉えられていない李徴の詩の「欠けるところ」を，語り手が認識した上それを主張しているのであれば，超越的な語り手は詩への理解が袁傪よりも優れていることを暗に示していることになります。

▶問いに正対するための前提条件

教材7 山月記

　この問いは，作品の空所として初読の感想や疑問点として生徒から指摘される箇所です。疑問点に挙がったら，提示し意識させておくとよいでしょう。

　また，この問いは作品の主題に関するマクロ構造を持つため，学習課題としては授業の終盤に提示するのがふさわしいものになります。事前に，登場人物の関係性（地位・性格等）を把握することで，袁傪と語り手の関係性，重層的な李徴像の把握を可能にします。

　「欠けるところ」は様々な答えが考えられます。しかし生徒によっては問いに対する答えが一通りでないことを嫌い，教師の模範解答や，隣の生徒の解答を真似して書いてしまう人がいます。本文を根拠に妥当な説明ができれば，いくつかの解釈が可能になることを前もって話しておくと，生徒は安心して問いに向き合う事が可能になります。

▶交流で想定される反応

S1：袁傪の声で聞こえました。「非常に微妙な点」がかっこ書きになっているので，はっきりとは示せないのだが，本当に少しであるが何かが足りない，と心の中で思っているのかなと考えました。

S2：袁傪の声です。作者の素質は第一流に属すると言っているので，詩そのものではなく，李徴の内面的な部分に対して欠けていると言っているのかなと思いました。だから口に出して直接本人に言えなかったのかなと思いました。

S3：私は語り手の声だと思いました。袁傪の語りに入り込む形式を取って「私（語り手）は

欠けるところを知っている」と，袁傪よりも優れていることを表したかったのかなと感じました。

▶問いに至るポイント

　空所となる「欠けるところ」を直接取り上げ，「欠けるところとは何か」を尋ねると，「『貧窮に堪えず，妻子の衣食のために遂に節を屈して，再び東へ赴き，一地方官吏の職を奉ずることになった』から，李徴の気の弱さや信念の弱さである」のように，本文中に書かれている内容を根拠として解釈を終えてしまうことになります。また，欠けるところが直接示されていないことから，恣意的な読みを導く可能性もあります。

　そこで，「欠けるところ」を問いにする際には，その前後の文脈も踏まえて，「語り手は誰か」「どうしてそのように語られているのか」など，作品構造に着目した問いを提示すると，生徒の考えはより深まります。

　【問い１】では，まず「(非常に微妙な点に於て)」の語り手を考えさせます。この文章は，そのまま（　　）を用いず「何処か非常に微妙な点に於て欠けるところがある」とひとまとまりの語りとして表現してもおかしくありません。それをあえて（　　）を用いて補足することで，それを語る声の複数性と，（　　）による説明の意味を考えさせるのです。その後，「欠けるところ」とはどのようなところか，（　　）の語りとあわせて考えさせます。

▶描出表現

　【問い１】は，「しかし，袁傪は感嘆しながらも漠然と次のように感じていた。」という引用表示に続く文の一部分です。「しかし，…感じていた。」は，「感嘆」や「漠然」という袁傪の心の中を覗き込むような形で語られており，物語内容から超越した物語的視点に立つ，「超越的な語り手」の語りと判断することができます。

　また，引用表示である「次の様に感じていた」「，と。」が前後双方から施されることによって，語り手の独立性が示されています。

　続く，袁傪の言葉の引用箇所は，「なるほど」「疑いない」というモダリティの表現を示す標識も含まれており，描出表現として捉えることができます。

　【問い１】の（　　）の前後は袁傪の語りとなっており，（　　）内は語り手による語りとなっています。しかし，前文のモダリティの表現を受けて，描出表現としての解釈が可能になり，袁傪の知覚と語り手との距離を読み手がどう感じるかによって，判断が割れることが考えられます。

　テクスト後半においても，語り手の知覚はかなり袁傪に寄り添った位置を起点として提示されており，この視点の置き方の寄り添いの程度は読者の判断に委ねられる性質があります。

▶「読みの交流を促す〈問い〉の要件」の充足

【問い1】は，「欠けるところ」の解釈が類似したものに偏る可能性があるため，dの要件が△になっています。

要　件（▶理由）	充足
a　誰でも気がつく表現上の特徴を捉えている ▶（非常に微妙な点に於て）というかっこ書きに着目させており，テクストの表現上の特徴に着目する問いになっています。	○
b　着目する箇所を限定している ▶（　　）の語り手は誰なのか，どのようなところが「欠けているのか」と，着目する箇所を限定しています。人物像と関連付けて読み解くことができます。	○
c　全体を一貫して説明できる ▶「欠けるところ」は作品に明示されていないため，恣意的な読みを導く可能性があります。	△
d　いろんな読みがありえる ▶語り手は，「超越的な語り手」と「袁傪」の2つが想定されます。「欠けるところ」の解釈は，本文の内容を根拠にすることで解答が類似する可能性があります。	△
e　その教材を価値あるものとする重要なポイントにかかわっている ▶「なぜ李徴は虎になってしまったのか」という問いに間接的に結びついています。	○

▶交流後の解釈例

（非常に微妙な点に於て）の語りは，超越的な語り手の袁傪に対する批評としての語りとも，袁傪の心中思惟とも読むことが可能です。

通常，語りの捉え方が異なると，その部分の解釈も異なり，多様な読みが可能となります。しかし，袁傪は李徴の一方的な語りかけを受けて同調する存在，いわば，透明化したレセプターとしての機能を果たしているため，（　　）内の語り手の違いによって，その後の「欠けるところ」いわゆる空所の解釈が異なることはありません。

李徴の旧詩については，袁傪の語りによって「格調高雅，意趣卓逸」「一読して作者の才の非凡を思わせる」「感嘆しながら」「素質が第一流に属するものであることは疑いない」と申し分ないことが示されているため，「欠けるところ」の要因は李徴自身にあると想定して読むことになります。

教材
7

山月記

❶「語り手」について

解釈例 1

（　　）内の言葉を，袁傪の内なる声として捉えました。

よって，「何処か（非常に微妙な点に於て）欠けるところがあるのではないか」は全て袁傪による語りとなります。はっきりと示せないほど，李徴の詩の欠けるところは微妙な点にあると言っているのだと思います。

解釈例 2

（　　）内の言葉を，超越的な語り手の語りとして捉えました。

よって，「何処か欠けるところがあるのではないか」は袁傪の語りですが，（非常に微妙な点に於て）は超越的な語り手の語りとなり，袁傪すら知り得ないことを知っている語り手の優位性を示していると思います。

❷「欠けるところ」について

解釈例 1

欠けるところは，「人間性の欠如」「愛の欠如」だと思います。

飢え凍えようとする妻子よりも己の乏しい詩業を気にかけている，そのような「人間性の欠如」が詩に反映されたのではないかと思いました。

解釈例 2

欠けるところは，「気の弱さ，信念の弱さ」「詩への執着心」だと思います。

詩によって名を残そうとするならば，進んで師に就き，詩友と交わり切磋琢磨すべきでした。しかし「臆病な自尊心」と「尊大な羞恥心」から自らその機会を退けてしまいました。もし専一に磨いていれば詩家として名を残せたのではと思います。

【問い2】 語り手・主題に関する問い

> 「酔わねばならぬ時が、（虎に還らねばならぬ時が）近づいたから、と、李徴の声が言った。」の（　　）の部分は誰の声で聞こえますか。また、なぜ括弧書きで言葉を挿入したのでしょう。

▶▶▶ ここでは、登場人物の語りの中に挿入された（　　）に着目させ、語りの構造や、自分なりの主題を考えるための問いについて解説します。作品の特徴のページで紹介した、「語り手」に関する問いになっています。

▶問いの意図

「（　　）の部分は誰の声で聞こえますか」という問いは、語りの仕掛けについて考えるものです。前後の文脈と関連付けて考えることで、多様な解釈が可能になります。

作品中の（　　）の挿入箇所は、それ以前にも①「（非常に微妙な点に於て）」、②「（袁傪は昔の青年李徴の自嘲癖を思出しながら、哀しく聞いていた。）」の2つがあり、その部分をどう解釈したのかによって、今回の問いの答えが形成されます。語り手の捉え方の違いによって作品解釈に違いが生じることや、その解釈をもたらした自分の読みの方略をメタ認知することができるでしょう。

これまでの授業では、「『酔わねばならぬ時』とはどういうことを言っているのか」「『虎に還らねば』とあるが、なぜ『還る』としているのか。またその時の李徴の気持ちを考えよう」といった、物語の内容に関する問いが提示され、作中の出来事や主人公の心情を中心とした読みがなされてきました。あるいは、（虎に還らねばならぬ時が）に関しては、「『人間の心』を吐露し終えていよいよ虎になりきる時を迎えた」という意味の解説など、文章読解における補足説明として扱われてきたのではないでしょうか。

「誰の声で聞こえるか」「なぜ（　　）書きで言葉を挿入したのか」といった、「語りの構造」を問うことは、語り手を「超越的な語り手」とするか「李徴の心中思惟」とするかの違いによって、李徴に批評的な読者となるか、李徴に寄り添う読者となるか、作品への寄り添いの度合が変わり、作品の意味付けも異なっていきます。自分なりに『山月記』の主題を読み取らせ、作品の価値付けをさせることとなります。

▶問いに正対するための前提条件

この問いは、作品主題に関するマクロ構造を持つ問いであるため、学習課題としては授業の終盤に提示するのがふさわしいものになります。

【問い1】の解釈とあわせて考えることで、作品を一貫したものとして捉えることができ、

教材 **7**

山月記

自分なりの作品の主題を読み取ることが可能になります。

　また，事前に「臆病な自尊心」と「尊大な羞恥心」が意味することについても学習しておく必要があります。私たちは失敗をした際に，「何がいけなかったのだろう」と過去を振り返り，自己分析を行います。

　『山月記』は中国の古典『人虎伝』を下敷きに書かれたものですが，主人公が自ら行う内面分析は極めて近代的なものとなっています。作者は，「臆病な自尊心」と「尊大な羞恥心」と相反する言葉を用いて李徴を表現していますが，これらの感情は李徴だけでなく人間誰しもが持ち得る感情なのではないでしょうか。読者である私たちにも共通する感情であることを確認し取り組むと良いでしょう。

▶交流で想定される反応

Ｓ１：私は（　　）の語りを第三者的な「語り手」の言葉として読みました。
　　　理由は前の２つの（　　）も語り手の言葉として読み取れたので，この作品における（　　）は語り手の言葉として受け止めるのが妥当だろうと思ったからです。
Ｓ２：私も語り手の声で聞こえました。
　　　本当は「虎に戻ってしまう」と言うところを，「酔わねばならぬ」という婉曲な表現で，言葉を濁しているように感じます。本当は「虎に戻ってしまう」ことを知っている語り手も，心の声であっても表現したいと思わないのではないかと考えました。
Ｓ３：李徴の声で聞こえました。
　　　（　　）の後に「と，李徴の声が言った。」とあるので，言葉にはしたくないけど心の中では思っている，「李徴」の語りとも言えると思いました。
Ｓ４：本文中，言い直しをする際に「いや，そんな事はどうでもいい」と李徴が言う箇所があるのですが，そこでは（　　）を用いていませんでした。（　　）を付けず，「酔わねばならぬ時が，虎に還らねばならぬ時が近づいたから」と文章を一括りとして書いても自然の流れで読むことができるので，わざわざ（　　）を用いるときは，話している人とは別の人の声なのではないかと考えました。

▶問いに至るポイント

　【問い２】は，初読の際には，単なる語りの補足の部分として読まれる可能性の高い箇所です。しかし，この（　　）の言葉は語り手による主張であったり，私たち読者を批評的に読ませるための仕掛けであったりします。それらに着目させることで，初読とはまた違った読みに繋がります。

　問いを作成する際には，問い方に注意する必要があります。例えば「『酔わねばならぬ時が，（虎に還らねばならぬ時が）近づいたから』と述べていますが，（　　）の部分は誰の声で聞こ

えますか」という問い方をした場合，「述べている」という言葉に（　　）内の言葉は人間の心を持つ李徴以外の声であるといった，教師の判断，解釈が反映されてしまいます。問いそのものに，解釈を誘導するような文言がないか，確認する必要があります。

　同じく，「（　　）の部分の語り手は誰でしょうか」という問い方も，初めから違う声で語られていることを暗に示すことになり，問いそのものが答えの手がかりとなってしまいます。

▶描出表現

「酔わねばならぬ時が，（虎に還らねばならぬ時が）」について，この部分は，直前の段落における情景描写が「漸く四辺の暗さが薄らいで来た。木の間を伝って，何処からか，暁角が哀しげに響き始めた。」となっており，それまでの告白部分とは異なり，先行する引用表示がありません。

　その代わりとして，「と，李徴の声が言った。」という引用表示が間に挟まれており，この引用表示は，英文の直接話法の形と同様，後続する文にとっても引用表示となっていると捉えられます。「（虎に還らねばならぬ時が）」という括弧付きのことばを全体の語り手の言葉と判断する場合には，この部分は描出表現として把握され，むしろ李徴の口調の変化として捉えることができ，非再帰的な「自分」の表現，李徴自身の思考を表す標識と捉えることもできます。

▶「読みの交流を促す〈問い〉の要件」の充足

要　件（▶理由）	充足
a　誰でも気がつく表現上の特徴を捉えている ▶本文中に括弧書きで挿入された部分であり，誰でも気がつくテクストの表層的特徴を捉えています。	○
b　着目する箇所を限定している ▶（　　）と限定しているため，読みのリソースの共有がなされています。	○
c　全体を一貫して説明できる ▶他の2箇所の（　　）との関係，また全体構造との関係の中で，語り手の判断の仕方や（　　）の用いられる箇所について説明されることとなり，解釈の一貫性方略が共有されます。	○
d　いろんな読みがありえる ▶描出表現となっているため他の（　　）と違い，語り手を限定することなく読みを行うことが可能です。	○

e　その教材を価値あるものとする重要なポイントにかかわっている 　　▶語り手の違いによって視点が変わってくることを実感できる問いになっています。	○

　この問いは，作品の語り手，主題に関わる問いとなっています。また描出表現となっているため限定した語り手の読みではなく，違った視点から読みすすめることが可能です。作者はなぜ（　）を用いたのか，作品の仕掛けに関する交流に発展させることも可能です。

▶交流後の解釈例

❶表現の解釈

　「酔わねばならぬ時が」の「酔う」や「虎に還らねば」の「還る」の表現は，次のように考えることができます。

　まず，「酔う」という言葉の辞書的な意味は「酒気のために理性や感覚が乱れる」「お酒の作用で心身の状態が正常でなくなる」となっています。一般的には，「お酒を飲んで〈酔う〉」となりますが，ここでは「酔う」ことで起こる作用，「理性・感覚が乱れる」「心身の状態が正常でなくなる」ことを意味していると考えられます。語りの部分でも「自分が酔っていて故人を認めずに」とし，虎の姿をしているが本来は人間であることは認識しています。

　次に，「還る」という言葉についてですが，辞書的な意味では「もといた場所へ帰る（還る）」という意味になります。本来であれば，もといた場所（もとの姿）というのは「人間」なのでこの表現は成立しないはずです。実際，「人間の心が還ってくる」「人間に還る」という語りはしているが，「虎に還る」とは口にしていません。

　以上のことから，「酔わねばならぬ時が」という言葉には，自分は本来の状態は人間で，虎になる時は正常ではない仮の状態で，自分の意に反してそうなってしまうのだ，という意味が込められていると考えられます。

❷語り手の解釈

　【問い２】の（　）の部分の語り手として，「李徴」と「超越的な語り手」の二者が考えられます。

　李徴の語りとして読んだ場合（　）の部分は李徴の心の声として捉えることができます。あるいは，虎に変身しつつある李徴の口調の変化を表しているとも捉えられます。

　語り手の語りとして考えた場合，「と，李徴の声が言った。」の部分に注目します。ひと続きに語られたその末尾に付けられているのではなく，李徴の語りに割り込んでいることです。これまでは（　）の部分以外は語り手の語りと李徴の独白とが段落によって区別されていました。しかし，「と，李徴の声が言った。」の部分だけ語りの介入が見られます。

　語り手の解釈の例としては，次の３つの考えが予想されます。

解釈例1

　李徴の声で語っているように聞こえます。
　理由としては，（　　　）内の言葉を李徴の心の声と捉えた為です。
　なぜ，口にして「虎に還る」と言わなかったのかというと，李徴自身，虎になることを懼（おそ）れている為だと考えます。

解釈例2

　語り手によって語られているように聞こえます。
　理由としては，その後に「と，李徴の声が言った。」と書かれているからです。
　この言葉が用いられる時は，語り手が語っている時です。また，李徴を「声」と表現するのは，語り手が李徴を声のみの存在として扱っているため，語り手の批評も含まれていると考えます。

解釈例3

　李徴の口調の変化に聞こえます。
　李徴の声でという点では解釈例1と同じですが，この話は虚構の話なので，虎に変わりつつある李徴の声色を表現しているのだと思います。
　虎になっていく様子を表しているので，李徴には懼れる気持ちはないように思います。

単元の学習デザイン

時	分類	問い	見方・考え方
1	ミクロ	作品の特徴（文体や語り手）について気づいたことを書きましょう。 Ⓐ 登場人物と人物像を確認しましょう。 ⒹⒺ 各場面での語り手を確認しましょう。 Ⓕ	文体 人物像 語り手
2	ミクロ	「月」は何を象徴しているのでしょうか。 Ⓑ 「見えざる声」や「草中の声」と言っているのは誰ですか。またそのような表現をした理由を考えましょう。 Ⓕ	象徴 語り手
3	ミクロ	「理由も分らずに押付けられたものを大人しく受取って，…生きもののさだめだ」には，李徴のどのような心情が込められていますか。 Ⓒ 「さだめ」とは何か，具体的に説明してみましょう。 ⒷⒸ 「自分」と「おれ」を使い分けている理由を本文の表現をもとに考えましょう。 ⒸⒻ	心情理解 一人称 呼称
4	マクロ	「何処か（非常に微妙な点に於て）欠けるところがあるのではないか」とありますが，（　）は誰の言葉で聞こえますか。また，どのようなところが欠けているのか考えましょう。【問い１】 ⒻⒼ	語り手 空所
5	マクロ	「臆病な自尊心と，尊大な羞恥心」は李徴の具体的な行動としてどのように描かれているか，本文から抜き出してみましょう。 Ⓑ 李徴が変身したのはなぜ虎だったのでしょう。 Ⓑ	象徴
6	マクロ	「酔わねばならぬ時が，（虎に還らねばならぬ時が）近づいたから，と，李徴の声が言った。」の（　）の部分は誰の声で聞こえますか。また，なぜ括弧書きで言葉を挿入したのでしょう。【問い２】 Ⓕ 人間が虎になるという虚構を通して，作者は何を描こうとしたのでしょうか。 Ⓖ	語り手 作品の仕掛け 主題

❶単元で働かせたい見方・考え方

語り手の視点に着目して読むことで，主人公の人物像を多角的に捉える。

❷問いの組み合わせと学習デザイン

作品内容や構造を捉えるためのミクロな問い

A　作品の特徴に関する問い

B　象徴に関する問い

C　心情の理解に関する問い

D　登場人物に関する問い

E　人物像に関する問い

主題に迫るためのマクロな問い

F　語り手に関する問い【問い1・2】　探究的な課題

G　空所に関する問い【問い1】　探究的な課題

　『山月記』の最大の特徴は，人物像が主人公本人ではなく，その周りにいる登場人物によって造られていくことです。李徴自身は「自分はこのような人間だ」といった自己イメージを持っているかもしれませんが，周囲から見られているイメージはまた少し異なります。

　学習をデザインする際には，物語の入り口を大切にしたいものです。

　この作品は漢文調で書かれていることもあり，最初の段階で苦手意識をもつ生徒が多いように感じられるので，できるだけ難しいという気持ちを抱かせない配慮が必要です。象徴や登場人物の心情，人物の呼称など作品の様々な仕掛けに気づかせることによって，苦手意識は興味へと変わっていくと考えられます。

　そこで，第1時から第3時に，作品の特徴（A），象徴（B），心情の理解（C）など内容読解に関する基礎的な問いを取り入れ，空所や語りに着目した読みができるよう工夫します。また，第4時には語り手（F）と空所（G）の【問い1】を考えさせるため，それまでに登場人物（D）や人物像（E）についても，しっかり確認していくことが重要になっていきます。

　関連付けて，第6時の語り手についての【問い2】（F）は，第4時での学習を生かして，読みの方略が身についているか確認できる問いになっています。

〈引用・参考文献〉

片山一良・吉原英夫（2004）「教材『山月記』論―詩の伝録を依頼する李徴の指導を通して―」『北海道教育大学紀要（教育科学編）』第55巻第1号

松本修（2006）『文学の読みと交流のナラトロジー』東洋館出版社

仁野平智明（2012）「『山月記』の語り手を読む可能性―物語行為の教材価値―」『人文科教育研究』39巻，人文科教育学会

中野和典（2018）「空所の意味―中島敦「山月記」と「人虎伝」―」『福岡大学日本語日本文学』第27号，福岡大学日本語日本文学会

田中実（1996）『小説の力―新しい作品論のために』大修館書店

中島敦『山月記』青空文庫

教材**7**　山月記

8 「童謡」
（吉行淳之介）

　『童謡』は思春期や成長過程における心理の変化が描かれた小説です。吉行淳之介の作品は，三十代後半の長編『砂の上の植物群』を中心に独特の非リアリズム作品が多く見られるようになったと言われています。『童謡』もリアリズム系の作品ではなく，読者がそれぞれの読みにおいて，リアルな人間的感情にしばられずに意味付けを行うことができ，自分の読みの過程を自覚することが可能になる作品です。

　語り手の視点や作品の空所に着目しながら読むことで，虚構世界を楽しみながら少年の自他認識の芽生えについて解釈を深めていきましょう。

作品の特徴

▶少年の自他に対する認識・空所

　本作品では，話の展開に沿って，少年の自分や他者に対する見方・認識が移り変わっており，このことが本作品の重要な要素でもあります。少年期から青年期へと成長していく過程や，思春期において，無意識的だった世界とのかかわりから，意識的なかかわりへと変化していくのです。

　少年は病を通して，自分自身についての認識を変遷させています。病になる前は自分自身や他者に対して意識的ではありませんでした。しかし，病になり，自分の体を自分で維持できないようになり，歩くというこれまで自然にできていたことも満足にできない自分に苦しみます。土蔵に入ると安心するのは，他者の目から逃れることができるからであり，それだけ病になってからというもの，自分が他者の目というものにさらされている自覚を少年が抱くようになっていたということでもあります。そののち，「別の人物ではありませんよ」という親戚の言葉を気に入り精神的に安定し，どうあっても自分は自分だと少年が思うようになっていきます。病を通して，自分自身についての意識を形成するようになっているのです。

　このように，自分や他者の関係性を認識するということそのものに，思春期の精神的変化を見てとることができます。

　また，本作品では登場人物の名前が出てきておらず，諸要素を排除して「少年」「友人」「少女」「医師」「親戚の人」などの表し方をしており，少年との関係性が強調されています。

　少年は，入院時は，友人の言葉を「そんなものかな」と単純に聞き入れます。そののち病弱な友人に若々しい生命力を感じます。友人の言動に悪意が混じっているのを感じて，かつて自分が友人を痛めつけたことを思い出します。また，少女を見舞いに来させたことにも改めて友

人の悪意を感じています。

　ここで重要なことは，友人の心理そのものについて語り手が語っているわけではなく，あくまで少年が友人の心理について考察しているという点です。どのような意図で友人が行動したり話をしたりしているのかは，はっきりと記されてはいないのです。ですから，友人の悪意の有無の真意は明らかにされず空所になっています。

　例えば，「君の家の犬が，君をみたら吠えるかもしれないな。しかし，君はやはり君なんだ。」と友人は語ったのちに，「小犬はわんわん吠え立てる。ああ，ああ，この身はわたしじゃない」とフシの付いた文句で歌います。友人が自分を憎んでいたのかと考えるきっかけになるものです。健康な時であれば，小犬の反応を自分が自分であることの判断基準としているおばあさんの考え方を簡単に否定する心持にもなれたでしょうが，病で敏感になっている少年にとっては，笑えるものではなかったのです。

　このようにあくまで少年の受け取り方が描かれるだけで，友人の言動の真意は語り手によってはっきりと明らかにされませんから，少年が友人の言動をどのように受け止めているのかに着目して読むことになります。基本的に語りは少年に寄り添っていますから，友人自身がどう思ったのかを超越的な視点で語ることはしません。病の過程で少年が他者の心理を考えるようになっているということ自体が重要です。

　同様に，少女の心理についても明確には語り手によって説明はされず，少年の視点で捉えられています。少女に関しては見舞いの場面以外の２つの場面では，少年の思考や夢想のなかでの登場となるため，少年にとって少女がどのような存在なのかという点を解釈することになります。

　このように，問いを作る際は，少年以外の登場人物の心理は多くの箇所で空所になっていることに留意します。他の登場人物の心理を解釈すること自体が重要なのではなく，少年が他者に対してどのような認識を持つことで，自分以外の世界というものに対してどのように向き合うようになっていったのかという解釈につなげることが重要です。

▶寓話・虚構

　『童謡』は，少年が病になり，体重の著しい変化をみせ，元に戻るという展開自体，通常ではないような話です。それに加えて，「肛門が長い管のように突出してしまった」「道傍に体重計が置いてあった」などからもわかるように，非現実的な，寓話的な世界観を醸し出している作品です。話の展開を読み取るだけの読み方や，現実にはありえない話だと否定して取り合わないのではなく，そこに読者としてどのような意味付けを行うのかにこそ，小説の読みの魅力があるのだということを，学習者に気づかせることができる作品です。

　また，フシの付いたリズムで童謡が歌われていたり，作品のタイトルが『童謡』であることなどから，本作品そのものが一つの童謡のようでもあります。

　非現実性とも関連し，虚構であることがことさら強調される構造となっているのです。

【問い１】 関係性・空所に関する問い

「この少女を愛していたのか，とおもった。」とありますが，「この少女を愛していた」人はいますか。いるならばそれは誰ですか。

▶ ▶ ▶ ここでは，少年と他の登場人物の関係性について問います。その問いを通して，少年の自他に対する認識がどのように変化しているのかや，作品の構造への気づきにつなげます。作品の特徴のページで紹介した，「少年の自他に対する認識・空所」に関連する問いになっています。

▶問いの意図

「この少女を愛していたのか，とおもった。」は，少年がようやく一人で歩けるようになったものの，まだ自分の思い通りには自分の体をコントロールすることができない状態の際，キャラメルを食べようとしてバランスを崩したのを少女に見られてしまうという場面にあります。人に見られたくない姿を，少女に見られてしまいます。

少年は病を通して，それまで自覚していなかった自分に対する認識を形成します。それと同時に，それまで意識していなかった，友人・医師・少女・親戚の人など登場人物との関係性といった意識を自分のなかに構築していくのです。例えば，友人が少年に聞かせる童謡の中に悪意を感じ取るなど，友人の心理を考えはじめています。

本箇所には，主語が書いてありません。「少年は，あらためて友人の悪意を感じた。憎んでいたのか，とおもった。この少女を愛していたのか，とおもった。」という叙述からは，「友人の悪意」とはっきり書かれているので，似た表現の「憎んでいた」の主語は友人であり，文末の「とおもった」が繰り返されていることを考えれば，「愛していた」の主語も友人という解釈が多く出ることが予想されます。

その一方で，本箇所以外にも少女を体重計に載せることを夢想する場面や，少女が去った後に「蒲団を頭からかぶった」などの描写があります。また，友人が少女を愛しているとどうして少年は思ったのだろうかと考えることで，少年が少女に対して抱いている感情を読む解釈も出てくるでしょう。

つまり，生徒からは「愛していた」人がいるならば，友人や少年，もしくは友人と少年の両方だ，などという解釈が出ることが予想され，これらの読みを交流していく過程を通して，関係性への気づきや，少年の自意識への自覚といった事柄に到達することができます。

▶問いに正対するための前提条件

この問いは，関係性に着目させるねらいを持つものであり，友人や少年自身の心理を問うも

のとなります。

　本箇所以外にも少女が登場したり，友人の心理を考えたりする箇所があることからも，全体を俯瞰して見る必要があるため，単元の後半で扱うことが望ましい問いになり，作品のマクロ構造に関する問いとしての要素を強く有するものとなります。

　語りは，本作品において「少年は，高熱を発した。」「少年は，病気に馴れていなかった。」「医師が部屋に入ってきた。」など，登場人物の置かれている状況や行動を淡々と述べていきます。それと同時に，「全部見られたな，とおもった。」など少年の心理に寄り添う箇所が見られます。しかし，友人の心理は語りませんし，友人と少女のやりとりなど多くの空所があります。

　事前に語り手は誰か，また誰に寄り添って語っているのかを確認すると良いでしょう。

▶交流で想定される反応

S1：「友人」だと思います。

　　直前に「友人の悪意を感じた」とあり，友人は少年を「憎んでいた」から，少女を見舞いに行くようにすすめて，衰えた少年の姿を見せて，対比して友人自身の価値を上げようとしたんだと思います。

S2：それは，結局少年も少女が好きだってことに友人は気づいていたから，少女に衰えた友人を見させたってことだから，少年も少女を愛していたってことになりますよね。それに，少女がいなくなってから，「蒲団の中に潜った」とあるから，好きな子に自分の惨めな姿を見られて落ち込んでるのだから，私は「友人」と「少年」両方だと思います。

S3：私は「少年」だけだと思います。

　　はっきりとは，友人が少女に好意を抱いているっていう描写はありません。友人は少年のことを嫌ってたから，困らせてやろうと思っただけだと思います。

　　それに，S2さんが言ったように，見られて落ち込んでいたし，少年が，体重計に少女のことを載せるのを夢想するっていうシーンが別の場面でありました。その少女の体重の目方が自分のものだって思っているということですから，それは少女が自分のものだと願っているのも同然ではないでしょうか。

S4：私は，「いない」もありえると思います。

　　ここで「愛する」っていう表現になっているのが，違和感があります。

　　本文では「見覚えがある，という言い方では足りない」とか「好意」とかは書かれているけど，「愛する」っていうのはそれらとは違った重みがある言い方に感じるから，エピソードとしては少年・友人どちらも「愛する」という段階までは至ってないと思います。「この少女を愛していたのか，とおもった。」の「おもった」の主語は少年だと思うけれど，それはあくまで少年がそう思っているだけであって，少年の考えというか想像にすぎないと思います。

▶問いに至るポイント

　少年の見舞いに少女が来る場面，土蔵において少女が不意に立現れてくることは決して無いと安堵する場面，少女の体重の目方を自分の腕に抱き取ることを夢想する場面，の３箇所が，少女が本文中に叙述されている場面です。

　しかし，見舞い以外の二場面は少年の思考の中であり，実際に登場しているのは見舞いの場面のみです。少年の病状が回復した後に再会したのは友人であり，少女と再会したという叙述はありません。

　初読時などに生徒は，例えば久々に学校へ行った場面で再会するなどまた登場するかと思っていた少女が，本場面以降登場しないことに，予想を裏切られたような感想を持ちます。そして，なぜ少女がこの小説に登場する必要があったのかという疑問を持つ生徒も出てくることが考えられます。

　このような生徒たちの違和感を，問いとして発展させます。この問いは，少年にとっての友人・少女との関係性を考察することに繋がります。病になる前までは他者との関係性について意識していなかった少年が，関係性について意識的になってゆくさまを読み取ることができるということです。

　作品中での少女の役割を考えさせた後に，「少女を愛していた人」はいたのかを問うことで，友人・少女との関係性だけでなく，気づかなかった自身の気持ちを見つめるようになります。

▶描出表現

　「この少女を愛していた」を含む近傍の文は，次のようになっています。

---

①少年は，あらためて友人の悪意を感じた。
②憎んでいたのか，とおもった。
③この少女を愛していたのか，とおもった。
④そして，いままではこの少女はたしかに自分に好意を持っていた。
⑤そう，いままでは。

　問いである「この少女を愛していたのか，とおもった。」を語りの分析の枠組みとなる，描出表現の点から分析すると，次のようになります。

　「おもった」という表現は，「叙述表現」A発話・思考を意味する表現にあたります。また，「愛していたのか」の終助詞「か」は，「補助的な表現」B「モダリティの表現」となり，疑問や感動などの少年の判断や感じ方などが表されます。「この少女を愛していた」の主語も，「とおもった」の主語も明示されておらず，この語りに多様な解釈の余地が与えられます。

松本修（2006）では，描出表現は，標識となる表現のみで判断するのではなく，前後の関係する表現要素を複合的に判断することになり，その判定は読者の読みとりかたそのものに大きく依存するとしています。そして，この読みとりかたには，テクストのセグメントの結びつけかたと，マクロ構造の把握の特性，複数の標識のうちどの標識により強く反応するか，個々人の経験などの呼び出しかたによって異なるとされています。

②「憎んでいたのか，とおもった。」と文の構造が同じであることを重視し，①「少年は，あらためて友人の悪意を感じた。」と一続きの文であると捉えた場合は，③「この少女を愛していた」のは「友人」であるという読みが導かれるでしょう。一方，④「そして，いままではこの少女はたしかに自分に好意を持っていた。」の「そして」や⑤「そう，いままでは。」に結びつけて読み，「たしかに」という副詞に強く反応した場合，③の「この少女を愛していたのか」の「か」は，気づかなかった自分の気持ちに気づいた時の驚き，またはそうだったのだろうか？という自分への疑問や確認と読むことが可能になります。

▶「読みの交流を促す〈問い〉の要件」の充足

要　件（▶理由）	充足
a　誰でも気がつく表現上の特徴を捉えている ▶「この少女を愛していたのか，とおもった。」という一文に着目させ，「愛していた」という表現や，主語の欠落など，テクストの表現上の特徴に着目する問いになっています。	○
b　着目する箇所を限定している ▶「この少女を愛していたのか，とおもった。」という一文に着目させる問いとなります。また，「憎んでいたのか，とおもった。」という直前の一文と関連付けて表現について考えることができます。	○
c　全体を一貫して説明できる ▶本箇所の少女と少年の面会の他にも，例えば「少年は，あの少女を体重計の上に載せることを夢想した。」という場面でも少女が登場しています。また，少女によると少年に面会するようにすすめたのが友人であり，前半部分で少年は，友人は自分を憎んでいたのかなと感じています。よって本文全体を通して，少年・少女・友人の登場箇所が複数あり，作品全体からの説明が可能となります。	○
d　いろんな読みがありえる ▶「愛していた」の主語が欠落しているため，その主語を誰だと捉えるかは多様になります。ただし，少年・少女・友人の言動の意味を，読み手が自己の経験等の文脈を重ね合わせて捉える読みがなされることも考えられます。	○

e	その教材を価値あるものとする重要なポイントにかかわっている	
	▶この問いは，友人や少年自身の心理を問うものとなります。 　この問いを通して，少年は，病気になる以前には考えもしなかったであろう他者の心理というものを考察するようになり，病の前後での少年の世界に対する捉え方の転換に気づかせることができます。	○

▶交流後の解釈例

　「この少女を愛していた」人として，愛していた人がいるならば，「友人」・「少年」・「友人と少年」という解釈が主に想定されます。

　「この少女を愛していた」人がいないという解釈も生徒から挙がることもありえますが，この場合は，自己の経験の文脈から空所を補ったり，「愛」という語感からの解釈となり，本文の叙述自体とは離れた解釈となることが想定されます。

　作品中には他に，医師や親戚の人，校庭の少年たちも登場しますが，少女と接触している等の叙述が見受けられないため，これらの人物が根拠を持った解釈として提示されることはあまりないと考えられます。

解釈例1

　「この少女を愛していた」人は，います。「友人」です。「とおもった」という表現が重ねられているから同一人物で，「憎んでいた」や「愛していた」の主語はともに友人であると考えます。よって，友人は少女を愛しているから，少女に衰えて惨めな姿の少年を見せて，二人の関係を気まずくさせたかったのだと思います。

解釈例2

　「この少女を愛していた」人は，います。「少年」です。「見覚えがある，という言い方では足りない」や，少女との面会後に落ち込んでいる描写から，少年は少女に好意を抱いていたことが読み取れます。一方で，「この少女を愛していたのか，とおもった。」の「おもった」の主語は少年で，「友人もまた少女を愛しているのか」と少年は思っていると考えられます。

　ただしそれを少年が一方的に友人の心理を想像しているだけで，友人が少女に好意を抱いているという描写はありません。

　よって，友人は少女を愛しているとまではいえません。

【問い2】 主題に関する問い

「やはりこれは自分にちがいない。」と思ったのはなぜですか。

▶▶▶ ここでは，少年が，痩せた状態であっても肥（ふと）った状態であっても「これは自分にちがいない」という思いを抱く場面を取り上げます。少年にとって視線が届かないと安心する対象である「友人」「医師」「少女」に対して，「親戚の人」の言動を少年はどのように受け止めたのかということや，極端に痩せていった時期と描写を対比的に考察するなどして，少年の自意識の変化について考えることができます。作品の特徴のページで紹介した，「少年の自他に対する認識・空所」と「寓話・虚構」に関連する問いになっています。

▶問いの意図

【問い2】に関わる事柄として，以下のような特徴が挙げられます。

❶少年の自己認識

「別の人物ではありませんよ」は，親戚の人が肥った少年に向けて言った言葉です。その言葉を少年は気に入り，「やはりこれは自分にちがいない。」と考えます。

親戚の人が「骨と皮だけの人間を土蔵に入れて蓋（ふた）をする。…中から，二倍にふくらんだ人間が出てくる。…別の人物ではありませんよ。」と言っているように，親戚の人は，少年が極端に痩せた状態と，極端に肥った状態を比較しています。痩せる前の少年の状態を比較対象に入れていません。

また，「やはりこれは自分にちがいない。」と思った少年は，「二十日前の自分」を思い出そうとします。病になる前の自分ではなく，極端に痩せはじめた自分を思い出そうとしていますから，二十日前の痩せた状態についても「自分」だと捉えていることがわかります。

「やはりこれは自分にちがいない。」と思った理由の説明も明確には無いため，前後の部分や全体の流れを踏まえて解釈することになります。

他にも，「別の人物ではありませんよ」という言葉を少年が気に入ったとありますが，なぜ気に入ったのかという理由は明確に述べられていないため，そこにも多様な解釈の余地があります。

本作品全体の体重の増減は，病になり痩せて，元に戻る時期を経てさらに肥り，それから元に戻るという展開になっています。「痩せる」から「元に戻る」へという単純な状態変化の図式ではなく，「痩せる」から「肥る」へという自身の変化の一過程を踏まえてから体重が「元に戻る」という移り変わりが，少年の自分自身に対する認識に何をもたらしたのかということ

を【問い2】に関わることとして解釈するということです。

❷体重変化の描き方

　体重の変化の描写の仕方としては，肥った状態では，「筋肉を動かす度に，重い軀が蒲団の中に，めり込んでゆくような気がする。」とあります。一方で，極端に痩せはじめた時は「腹這いにされた姿勢から起き上ろうとすると，徒らに手足がばたばた動くだけで，軀は敷布に密着したまま，すこしも持上らなかった。」とありますから，対比的に描写されていることがわかります。だから少年は，「一つの異常な状態から，べつの異常な状態に移行しただけのような気持」になります。体重は，「異常」から「異常」に移行しただけですが，「これは自分にちがいない」と思えたということから，体重を生きている人間である証として捉える考え方から変化したことがわかります。

　また，痩せた状態も肥った状態も共に「別の人物ではありませんよ」と言い素朴に笑う親戚の人から，少年が悪意を感じ取ったという描写はありません。加えて，肥った姿に対する描写は，「むくむく肥」るなど描写自体はなされているものの，痩せていく時ほど細かく述べられてはいません。痩せた時のような誇張した表現があまりありませんし，肥った時期の場面の描写の分量も少ないことから，二倍に肥るということ自体は異常なことですが，精神的に追い詰められているような緊迫感が描写からは感じられません。

　以上のことを踏まえ，【問い2】では，少年が自分自身を認識する過程においてどのようなことを感じ考えたのかを解釈することになります。

▶問いに正対するための前提条件

　この問いは，作品の後半部分に描かれている場面であり，また少年の自己認識という作品全体の解釈に関わるものなので，授業の終盤で扱うのが望ましい問いとなります。

　特に，痩せていった時期の描写と対比的に描かれている箇所があることから，体重の増加のみではなく，作品前半の痩せていった時期についての描写の確認をあらかじめ行っておくと良いでしょう。

▶交流で想定される反応

Ｓ１：どのような体重や見た目であっても，自分は自分だと親戚の人から言われて納得したからだと思います。

Ｓ２：「素朴な笑い」とあるから，悪意を感じた友人とのやりとりに比べて，嫌みの要素を少年は受け取ってない感じがしますね。

Ｓ３：Ｓ１さんの意見と関係するのですが，体重がどのようであっても自分は自分だということって，当然なことだと思います。

　　その当然を当然のように受け入れられるだけの精神的余裕が少年に出てきたから，そう

思えているのではないでしょうか。

S4：「二十日前の自分」という表現があって，二十日前は痩せていた時の状態だから，それに対しても「自分」だと言っています。

痩せていた時は「ああ，ああ，この身はわたしじゃない」と否定していたのに，肥った時には痩せていた時期も自分であると認めているということだから，体重を生きている人の証だと捉えて固執していた考えから変化しているのだと思います。

▶問いに至るポイント

まずは，痩せていった状態と肥っていった状態がそれぞれどのように描写されているか，少年が自分自身についてそれぞれの状態の時にどのように認識しているのかを対比的にまとめます。どちらも「異常な状態」と言っているものの，それに対する少年の受け止め方や描かれ方は様相が異なるものとなっています。

本小説の最後では「自分の内部から欠落していったもの，そして新たに付け加わってまだはっきり形の分らぬもの」があると少年は感じています。「自分の内部から」とありますから，「内部」を精神的な面だと捉えると，病を経ることで，それ以前とは異なる心理状態になっているということがわかります。ですから仮に，病によって痩せて，そのまま元の状態に戻っただけなのであれば，少年は心身ともに全くの元の状態に回復したことになってしまうのかもしれませんが，本作品はそうではないということに留意する必要があります。

▶描出表現

【問い2】は，語り手によって語られる箇所にあります。本作品において語り手は過去形と現在形を混ぜています。そして本箇所は現在形になっており，少年の心情を描写していることから，少年の内面にかなり寄り添って語っていることがわかります。「久しぶりに，学校へ行った。」「少年は，その方角へ歩いて行った。」など，登場人物の動作を淡々と述べた箇所とは性質が異なるものになります。

「やはり〜ちがいない」は確信を持ってその事柄を述べるときの表現です。もしくは，自分自身にそうであるはずだと言い聞かせているとも取ることができます。いずれにせよ，思考を意味する叙述表現であり，モダリティの表現です。

「やはり」という副詞も描出表現の副次的な標識です。また，「自分」という言葉も非再帰的な「自分」の表現として用いられており，テクストの参加者である，少年の思考の内容の表現にあらわれるものです。

また，「その言葉が，少年の気に入った。」以降，本箇所に関わる語りがなされていることから，「別の人物ではありませんよ」と言った親戚の人の発言まで広く場面を読むことになります。

▶「読みの交流を促す〈問い〉の要件」の充足

要　件（▶理由）	充足
a　誰でも気がつく表現上の特徴を捉えている ▶「やはり～ちがいない」という，確信を持った，あるいは確信を自身に言い聞かせたいような，強い気持ちの込められた言い方に着目させており，誰でも気がつく表現上の特徴を捉えた問いになっています。	○
b　着目する箇所を限定している ▶「別の人物である筈はない。」「自分は自分だ。」という少年の思考内容の中から，「やはり～ちがいない。」という最後の一文に限定した問いであり，着目する言葉を指定しています。 「これ」という指示語を明らかにする過程で，直前の部分にも目を向けることができます。	○
c　全体を一貫して説明できる ▶自身の体重の増減に対する少年の受け止め方の推移が本作品の主な内容であるため，全体を通して説明ができるものを解釈として求める問いになります。	○
d　いろんな読みがありえる ▶直前の場面での「親戚の人の発言を気に入ったこと」や，少し前の場面からの流れを踏まえて「他者の目から逃れられて精神的に安堵したから」などが主に想定されます。 さらに，「自分は自分だ」という考えをどのような気持ちで言っているのかについても解釈が多様なものとなるでしょう。 体は自分の体であるから，自分であることに違いはないが，もう元の自分ではないのだと諦めの気持ちで捉える者。親戚の人の言葉を気に入り，自信を持って自分の体を自分のものとして受け止める前向きな気持ちとして捉える者などです。 ただしそれらの読みを突き詰めていくと，最終的には少年の自己認識・自意識にかかわる内容にどの読みも収束していく可能性があります。	△
e　その教材を価値あるものとする重要なポイントにかかわっている ▶本作品は少年の自意識が大きなテーマになっており，それにかかわる問いとなります。	○

▶交流後の解釈例

　病になる前の少年は，世界や自分自身の存在に対してごく自然に，疑うことなく生きてきたであろうとことが想像されます。

　しかし病を経験し，それまで無自覚だった自分や他者という存在を客観的対象として捉える

ようになります。

その病の過程で「ああ，この身はわたしじゃない」と暗い中呟いていた時期を経て，「やはりこれは自分にちがいない」の箇所まで，少年の自己認識にどのような変化があったのかを解釈することになります。

友人や少女といった他者の目から逃れられたことや，体重についてどう捉えるか，少年が自分自身をどう捉えるかが解釈に入ってくると考えられます。

解釈例1

体重の増減と，自分が自分であることとは関係がないと思えたからです。

病によって極端に体重が減少した際に少年は，体重を生きている人間の証のように考えていました。そのような少年に対して親戚の人は，元の少年の話を出さずに，痩せているのも肥っているのも少年だと言いました。元に戻ることに固執していた少年は，元の状態を比較対象に入れない発言だったので意外で気に入りました。それによって，体重がどのように変化しても自分は自分だと思えるようになったのです。

だから体重計で自分の目方を抱き取りたいと思わなくなった，つまりそこに執着しなくなったのです。

解釈例2

精神的に安定しつつあるからです。

「ああ，この身はわたしじゃない」と蒲団を頭からかぶって暗い中で呟いていた頃の少年に比べて，肥ったことに少年はそれほど動揺していないと思います。「無気味」とは言っていますが，「じっと見詰めていると」という描写などから，自分の体を客観的に観察しているような淡々とした印象を受けます。

痩せた時が敏感になりすぎていたと考えられます。

単元の学習デザイン

時	分類	問い	見方・考え方
1	ミクロ	本文を通読しましょう。 描写や比喩等の表現上の特徴を考えましょう。 (A)	寓意 比喩
2	ミクロ	体重の推移とその時の少年の心理状態をまとめましょう。 (B) 少女・友人との関係性をまとめましょう。 (C) 「生きている人間」とはどういうことですか。 (E) 少女の役割を考えましょう。 (D)	作品構成 空所
3	マクロ	「この少女を愛していたのか，とおもった。」とありますが，「この少女を愛していた」人はいますか。いるならばそれは誰ですか。【問い1】 (E)	作品構成 空所
4	マクロ	「やはりこれは自分にちがいない。」と思ったのはなぜですか。【問い2】 (F)	主題

❶単元で働かせたい見方・考え方

　作品の「語り手」と「空所」に着目して読み，少年の自意識の変化という作品のテーマを捉える。

❷問いの組み合わせと学習デザイン

作品内容や構造を捉えるためのミクロな問い

　A　描写や比喩に関する問い

　B　体重の増減に関する問い

　C　少女・友人との関係性に関する問い

　D　本作品における少女という登場人物の役割に関する問い

主題に迫るためのマクロな問い

　E　空所に関する問い【問い1】　探究的な課題

　F　主題に関する問い【問い2】　探究的な課題

まずは生徒が，本作品の非現実的な内容の世界をいったん受け入れることができて，本作品に入り込めることが大切です。

本作品には体重の極端な増減や，公園にある体重計，「肛門が長い管のように突出し」など多くの非現実的要素があります。これらに抵抗感を抱いてしまうと，解釈の段階に進みません。

文学の持つ寓意的要素にこそ多様な解釈が可能であることを共通認識させるのが第1時の（A）です。

その上で，体重の増減（B）や，少女・友人との関係性のこと（C）など，少年の自己認識や他者に対する認識につながる事柄に絞って単元を組み立てます。

なお，体重の増減と少女についてはともに学習者が関心を持ちやすいもので，学習に入り込みやすいと考えられます。特に少女については，キャラメル後の部分以降，学校の場面で再度出てくることがないのが予想外に感じられるようです。

その意外さを，本作品における少女という登場人物の役割が何か（D）という点に発展させるとよいでしょう。

そこで第2時では，体重の極端な増減という生徒にとって最も目につきやすい本作品の大きな筋となっている事柄にかかわる問いを考えます。少年が体重というものをどのような存在として捉えているのかは，本文全体にかかわる話となります。痩せていった時期と肥っていった時期がどのように描かれているのかを確認します。

第3時では，少年の自他に対する認識（E・【問い1】）について取り上げます。

本作品の語りは基本的に少年に寄り添っています。友人や少女，医師の内面に入ってどのような心情・心理であったのかを寄り添って語ることはしません。

例えば，友人自身に悪意があったのか無かったのかを語りが説明することはしません。友人が少女に見舞いに行くようすすめた場面も描かれておらず空所となっていますから，どのような意図で少女を少年のもとに行かせたのかは少年の想像の域を出ません。これらは，あくまで少年が悪意を感じ取ったという構造になっているのです。

第4時，「やはりこれは自分にちがいない。」に関する場面では，体重は元に戻りました。ただし，病気になる以前の少年に心身ともに戻ったわけではないということに注意させる必要があります。少年の自己認識の変容につなげることが大切です（F・【問い2】）。

教材 **8** 童謡

〈引用・参考文献〉
河野多惠子（1997）「吉行淳之介を読む―〈吉行〉と〈淳之介〉」吉行淳之介『吉行淳之介全集　第二巻』新潮社，pp.514-524
松本修（1994）「小説作品の意味づけにおける生徒の意識―吉行淳之介「童謡」をどう読んだか」全国大学国語教育学会『国語科教育』41巻，pp.59-66
松本修（1989）「『童謡』論」『Groupe Bricolage 紀要』No.7, Groupe Bricolage
松本修（2006）『文学の読みと交流のナラトロジー』東洋館出版社，pp.31-32
吉行淳之介（1997）「童謡」吉行淳之介『吉行淳之介全集　第二巻』新潮社，pp.328-343

9 「源氏物語　桐壺」

（紫式部）

　『源氏物語』は，古典の教材として長く扱われてきました。敬語の文法や王朝文化についての学習に適した教材でもあり，高校入学後，ある程度古典を学び，読むことのできるようになった生徒たちに，ぜひ味わってほしい物語です。

　文学としての魅力は，様々に形を変えながら長年読み継がれてきたことと，多数の言語に翻訳され世界的にも読まれていることからも，普遍的な魅力を持つ，まさに「日本古典文学の最高峰」と言える作品であることがわかります。

　『源氏物語』のような，恋愛を主眼とした物語において重要なことは，登場人物たちの間にある障害です。障害を乗り越えて愛を育む物語は古今東西，枚挙に暇がありません。「源氏物語」が広く長く愛される理由も，そこにあると考えます。そして，貴族社会を舞台とした「源氏物語」において，それぞれの立場がその障害になり得ます。登場人物たちの複雑な愛情のやりとりと立場を理解し推し量ることこそ，「源氏物語」という貴族社会における一筋縄ではいかない恋愛物語の魅力を味わうことになるのではないでしょうか。

作品の特徴

▶登場人物の立場

　『源氏物語』の冒頭，「桐壺」の帖は，主人公の光源氏が誕生し，臣籍降下し，左大臣の娘葵の上と結婚するまでのお話です。主人公の生い立ちを説明する帖であり，前置きです。当然概括的な表現や説明的な表現が多くなりますが，登場人物の行為や思考や感情，あるいは社会的個人的な人間関係等々が相互に絡み合っています。

　しかし，教科書に多く採録されているのは，主人公である光源氏が誕生するまで，つまり，主人公の母桐壺の更衣が身分に見合わない寵愛を桐壺帝から受けたことで周囲の人々から冷遇され，その状況を憂いながらも光源氏を生むが，さらに帝からの寵愛が深くなり，桐壺の更衣が困り果てるところまでです。副題として「光源氏の誕生」とついていることが多いと思います。

　ここで重要なことは，桐壺帝と，桐壺の更衣，弘徽殿の女御および他の妃たちとの関係を，ただ愛情の有無・多寡だけでなく，それぞれの政治的立場についても考慮に入れて考えることです。

　「いとやむごとなき際にはあらぬが，すぐれて時めきたまふありけり」という状況は，本来，平安時代の宮中においては許されない状況です。宮仕えは今日的な意味での恋愛や結婚とは同

じではありません。上流貴族の姫君たちは幼少期から妃になるための教育を施され，それぞれの家に権勢をもたらす使命を背負ってきているのです。宮仕えの目標は帝の寵愛を受け，男子を産み，その子を次の帝にすることでした。嫉妬や権謀術数の渦巻く後宮において，当然，帝も上流貴族の姫君たちには「后がね」に対する態度で遇しなければならないはずです。ところがその序列をひっくり返してただ一人に対して注がれた寵愛だったわけですから，傾国とそしられるのは，ある意味では致し方ないことでした。

　その状況に異を唱えるものとして，桐壺の更衣と対比されるのが，すでに男児を出産している弘徽殿の女御です。彼女の立場を考えることで，「宮仕え」がどういうものかを考えることができます。

▶語り手の立場

　「いづれの御時にか」と疑問から始まる源氏物語は，時代背景が明言されません。しかし，いずれかの天皇の時代とすることで，正史との関連を匂わせ，読み手に時代背景とリアリティを感じさせる効果を持っています。

　「おのづから軽き方にも見えしを」のように，自分で様子を見聞きできる女房かのような視点も提示されています。光源氏の誕生後になって直接体験の過去の助動詞「き」が使われだしていることから，光源氏がまだ自意識を持って行動する主体となりえないこの段階でも，光源氏に近い立場に語り手が立とうとしていることがわかります。同時に，直接体験過去の助動詞は，この物語のフィクション性を否定して物語の世界の現実感を高める効果をもたらしています。

　語り手は女御たちには敬語を使用していますが，更衣たちには用いてはいません。この視点は，父が正五位下であり夫が正五位上であった実在の紫式部の視点とは少しずれています。敬語の使用状況からも，後宮の中で高貴な身分の人に仕える女房としての立場が想定された語り手の像が読み取れます。その中で桐壺の更衣に対して敬語を使用することは，メインキャラクターである彼女を特に強調することになります。

　源氏物語の語り手は客観的な視点を保とうとしています。女房という存在に仮託されながらも，自身の人格や個性を表さず，登場人物の思考や知覚をも知り得る存在としての語り手は，一人の登場人物ではなく，物語を語るための抽象的な存在，実態のない概念としての存在です。

　その客観的な視点から，リアリティをもって後宮の愛を描いたからこそ，「源氏物語」は，時代を超えて愛される文学作品となったのではないでしょうか。

> 「人よりさきに参りたまひて，やむごとなき御思ひなべてならず，皇女たち
> などもおはしませば，この御方の御諫めをのみぞ，なほわづらはしう，心苦
> しう思ひきこえさせたまひける。」とあるが，「この御方」は，帝にとって，
> どのような存在だったのでしょうか。

▶▶▶ ここでは，教材文の主要な登場人物である桐壺帝と桐壺の更衣にとっては，障害となりうる「この御方」＝「一の皇子の女御」こと，桐壺帝の長男（後の朱雀帝）を産んだ弘徽殿の女御について書かれている部分から，桐壺帝の政治的立場を考えさせる問いについて解説します。
語り手は基本的に桐壺の更衣や桐壺帝の側に立っていますので，それに相対する立場からみることで，より深く物語世界の構造を理解することができます。作品の特徴のページで紹介した，「登場人物の立場」に関連する問いになっています。

▶問いの意図

　語り手は，女房をかたどっていると「語り手の立場」で述べました。貴族社会の中にいる語り手には，帝をないがしろにすることはできませんから，帝を批判するような語り方はできません。帝を擁護するような語りも，物語にリアリティを持たせます。それゆえ，桐壺の更衣の立場を悪くする原因であっても，桐壺帝を悪く言うわけにはいきません。桐壺帝の寵愛が桐壺の更衣にとってありがたいものであり，それだけが頼りであると繰り返し語られます。

　そして，弘徽殿の女御側にとっても，すでに決まったかと思われていた息子の東宮の地位を脅かす存在として急浮上した桐壺の更衣親子の存在を当然ながら危惧し，その危惧に対して桐壺帝が「心苦しう」思っていることも語られるのです。

　語り手が弘徽殿の女御側からも語ることで，物語世界の中には桐壺帝と桐壺の更衣の悲劇的な愛だけがあるのではなく，桐壺帝と弘徽殿の女御の間にも立場があり情が交わされているのだということが明確になります。同時に，桐壺帝が桐壺の更衣にばかり愛情を寄せることが，なぜ非難されているのかを考えさせることにもなります。それによって，登場人物たちの立場を客観的に，多方向から語ろうとする語り手の意図に近づくことができます。

▶交流で想定される反応

Ｓ１：帝には奥さんがいっぱいいるんだね。女御，だから，一の皇子の女御の方が，桐壺の更衣より偉くて，帝にも無視できない偉い人だったんじゃないかな。

Ｓ２：「人よりさきに参りたまひて」とあるから，最初に結婚した妻なわけでしょう。帝にとっても，思い入れのある妻だったんじゃないかな。

Ｓ３：「なほわづらはしう」とあるから，いろいろ言われてうっとうしくも思ってたんでしょ。

帝は桐壺の更衣が好きなのに，それを邪魔する人だよ。

S 4 ：「一の皇子は，右大臣の女御の御腹にて，寄せ重く，疑ひなきまうけの君と，世にもて
　　　かしづききこゆれど」とあるから，次の帝のお母さんなんでしょう。桐壺の更衣と違っ
　　　て，実家の人が右大臣で権力を持っているから，帝も無視できなかったんじゃないかな。

S 5 ：「心苦しう」ともあるから，桐壺の更衣のことを好きになっちゃってごめんねって感じ
　　　なのかも。帝はもう一の皇子の女御のことはあんまり好きじゃなくて，桐壺の更衣のこ
　　　とを好きになっちゃったから，桐壺の更衣の息子のことを次の帝にしたくて，後ろめた
　　　く思っているのかもしれない。

▶問いに至るポイント

　ここまでほとんどの文が，桐壺帝と桐壺の更衣を主語として語られています。桐壺の更衣以
外の女御や更衣，また周囲の殿上人，上人を主語とする文ではきちんと主語が語られており，
省略されていません。生徒は「人よりさきに参りたまひて，やむごとなき御思ひなべてならず，
皇女たちなどもおはしませば」の主語は誰なのか，戸惑うのではないでしょうか。その戸惑い
から問いを作ります。

　ただ主語を問うだけならば，解釈の幅は生まれないでしょう。主語を明らかにした上で，省
略された主語である弘徽殿の女御を重要な登場人物と考え，ここまでの中心的な登場人物であ
る桐壺帝および桐壺の更衣との関係をきちんと考えさせます。

　帝に妻が複数いることは，一夫一妻制度の中で生きている現代の生徒たちにとっては異常な
ことであり，変なことですから，当時の社会ではそうしなければならなかったのだという解説
が必要かもしれません。子どもが育つ可能性の低さに言及してもよいでしょうし，皇位継承を
確実なものとするためと説明してもいいでしょう。他国と比較してもいいと思います。「女
御・更衣あまたさぶらひたまひける中に」という冒頭の表現に今一度立ち戻り，確認しておく
べきです。

　帝にとって弘徽殿の女御とはどのような相手なのか，本文を元に探っていきます。この際，
「右大臣の女御」が「一の皇子の女御」と同一人物であり，桐壺の更衣の息子である光源氏と
は別の皇子が，すでに生まれていることが確認できるとよいでしょう。一の皇子と光源氏を比
較してもいいと思います。桐壺の更衣および光源氏とは異なり，弘徽殿の女御は「寄せ重く」
と語られる後見があることを整理すると，二人の妃の立場の違いも明確になります。

▶描出表現

　「坊にも，ようせずは，この皇子のゐたまふべきなめり」は弘徽殿の女御の推量する危惧の
内容であり，「と，一の皇子の女御は思し疑へり」という直接表現によって語られています。
語り手は，弘徽殿の女御の内心も知り得ており，語ることができています。「この御方の御諫

めをのみぞ，なほわづらはしう，心苦しう思ひきこえさせたまひける」からは，帝の内心も知り得ていることがわかります。

また，語り手は「思し」と弘徽殿の女御に対して敬語を使用しています。桐壺帝には「思ほし」という敬意の強い語や「思ひきこえさせたまひける」と二重敬語を使用していますから，その点から語り手が実際の身分に応じて敬語を使い分け，リアリティを持たせようとしていることがわかります。

以上の点から，語り手は宮中で事態を見聞きしている女房のような立場を取りながらも，登場人物たちの内心を超越的に知り得る概念的な存在であることがわかります。

▶「読みの交流を促す〈問い〉の要件」の充足

要　件（▶理由）	充足
a　誰でも気がつく表現上の特徴を捉えている ▶弘徽殿の女御を主語とした文に着目させており，テクストの表現上の特徴に着目する問いになっています。	○
b　着目する箇所を限定している ▶該当の文およびその直前の文に限定した問いであり，着目する箇所を指定しています。また，ここより前に弘徽殿の女御について書かれた文脈を関連付けながら読む可能性が高く，文脈に沿った読みが期待できます。	○
c　全体を一貫して説明できる ▶弘徽殿の女御が「御諫め」をするに至った経緯として，展開部の文脈を中心にした説明，または導入部の文脈も含めた，作品全体からの説明が期待できます。	○
d　いろんな読みがありえる ▶帝から弘徽殿の女御に対する心情は書かれている表現が少なく，状況と立場から想像する必要があり，解釈に幅があることが想定されます。	○
e　その教材を価値あるものとする重要なポイントにかかわっている ▶桐壺帝と桐壺の更衣との間にある愛情の障害が彼らの立場であり，特に桐壺帝の立場に伴う義務について考えることができます。	○

▶交流後の解釈例

桐壺帝を擁護する語りと，桐壺帝の行いの瑕疵とが，ともに読み取れていることが望ましい状態です。

❶弘徽殿の女御の危惧

> 人よりさきに参りたまひて，やむごとなき御思ひなべてならず，皇女たちなどもおはしま
> せば，この御方の御諫めをのみぞ，なほわづらはしう，心苦しう思ひきこえさせたまひけ
> る。

の直前には，

> この皇子生まれたまひて後は，いと心ことに思ほしおきてたれば，坊にも，ようせずは，
> この皇子のゐたまふべきなめりと，一の皇子の女御は思し疑へり。

とあります。「一の皇子の女御」こと弘徽殿の女御が，帝が光源氏を世継ぎにするのではない
かと危惧を抱いている文の直後であり，そこから主語は変わっていません。

「この御方の御諫め」とは，弘徽殿の女御の危惧そのものであり，そのように思われる態度
をとがめたものと読み取ることができます。弘徽殿の女御がいさめたのは，桐壺帝の「この皇
子生まれたまひて後は，いと心ことに思ほしおきてたれば」という態度です。

それまでは，桐壺の更衣を寵愛はしても，「わりなくまつはさせたまふあまりに」「おのづ
から軽き方にも見えしを」と語られるような応対をしていました。それが，光源氏が生まれて
から態度を改めたのですから，「疑ひなきまうけの君と，世にもてかしづききこゆれど」という
待遇にあった弘徽殿の女御は，自身と息子の立場が脅かされ，女御・更衣という貴族社会の秩
序を崩すような事態になりはしないかと危惧を抱いたのです。

❷桐壺帝の感情

そして，その弘徽殿の女御の「御諫め」だけを「なほわづらはしう，心苦しう思ひきこえさ
せたまひける」のは，「させたまひ」の二重敬語が使われ，弘徽殿の女御に「諫め」られる立
場である桐壺帝です。

前半では「人のそしりをもえ憚らせたまはず」という態度だった桐壺帝ですが，光源氏が生
まれてからは桐壺の更衣への態度を「いと心ことに思ほしおきてたれば」と態度を改めており，
そこから桐壺帝が本当に桐壺の更衣の息子を次の帝にするのではという疑念を抱いた弘徽殿の
女御が「御諫め」するまでに深刻なものになっています。

「人よりさきに参りたまひて，やむごとなき御思ひなべてならず，皇女たちなどもおはしま
せば」という描写からは，これまでの桐壺帝と弘徽殿の女御の関係が非常に親密であったこと
がわかります。なにしろ，第一皇子の母なのですから，弘徽殿の女御は中宮になる可能性が最
も高いのです。

かつ，

> 一の皇子は，右大臣の女御の御腹にて，寄せ重く，疑ひなきまうけの君と，世にもてかし
> づききこゆれど

とあり，この第一皇子が次の帝になるだろうと世の中の人は考えていたのですから，弘徽殿の女御は未来の帝の母です。右大臣の娘という現在の立場，おそらく未来の帝の母という先の展開を示唆する語りによって，語り手は，弘徽殿の女御の政治的立場の強固さを強調しています。また，「この御方の御諫めをのみぞ，なほわづらはしう」に限定の「のみ」があることから，光源氏が生まれた後の桐壺帝にとっても弘徽殿の女御は特別な存在であり，その意向を無視できない相手であることがわかります。「わづらはしう」という語からは，弘徽殿の女御に対して好意的な感情を拾い上げられませんが，「心苦しう思ひきこえさせたまひける」という描写が続くことで，桐壺帝が弘徽殿の女御に対して，彼女を悲しませるのが本意ではないという感情も持っていることがわかります。

「登場人物の立場」で述べたように，桐壺帝は妃たちをそれぞれの立場に応じて遇しなければならなりません。弘徽殿の女御は，次の帝の母たる女性としての待遇を受けるべき立場です。それに反して桐壺の更衣のみに寵愛を注いでいるわけですから，桐壺帝は弘徽殿の女御に対して，自身の義務と弘徽殿の女御の立場をないがしろにしている後ろめたさと，桐壺の更衣に対する愛を邪魔する障害への疎ましさを感じているとみることができるでしょう。

解釈例1

「この御方」は帝の最初の妻で，実家も強いので正妻になる予定の女性だから，帝にとって政治的に無視できない目の上のたんこぶみたいな相手。

解釈例2

「この御方」は帝にとって，政治的にも大事だし，子どももいて愛情もある相手だから，桐壺の更衣への愛を貫くには邪魔だけど，申し訳ないとも思う相手。

> 桐壺の更衣は，「すぐれて時めきたまふ」ことを，どう思っていたのでしょうか。

▶▶▶ 桐壺帝は桐壺の更衣を寵愛しています。桐壺の更衣はその寵愛のせいで周囲から反感を買い，それが原因となって体調を崩し，死んでしまいます。教科書に採録されている部分だけでは，結末としての死まではわかりません。場合によっては，その後の展開を付け加えている教科書もあります。ですが，「登場人物の立場」で述べたとおり，ここまでの部分でも，桐壺の更衣が桐壺帝の寵愛が原因でつらい宮仕え生活を送っていることが十分わかります。

その桐壺帝に対して，語り手がどのような立場から語っているのかを読み取ることを目指した問いです。作品の特徴のページで紹介した，「語り手の立場」に関連する問いになっています。

▶問いの意図

❶桐壺の更衣の立場

　桐壺の更衣の立場については，身分に見合わない寵愛を受けている人，という解説文や，更衣という役職，桐壺という部屋の遠さから，身分が低い人かのように読まれがちですが，本文を丁寧に読んでいくと，身分が低いとは言えないことがわかります。「いとやむごとなき際にはあらぬ」といいながら，「はじめよりおしなべての上宮仕したまふべき際にはあらざりき」とも語られます。女御，つまり正妻候補にあがるほどの身分ではないが，その身を軽んじられるほどの低い身分でもないのです。語り手が女御や桐壺の更衣を自身より高い身分として敬語を使いながら，敬語を使われない「それより下臈の更衣たち」が存在することからも，桐壺の更衣は，宮中の女性たちの中では中間に位置する身分の女性であることがわかります。桐壺の更衣の父は大納言ですから，親の身分からしても，更衣の中では高い方にあるわけです。

　その彼女が「いとやむごとなき際にはあらぬ」と言われ，周囲から顰蹙を買うのは，彼女が女御，つまり正妻候補にあがるほどの身分ではないにもかかわらず，「すぐれて時めきたまふ」からです。また，「父の大納言は亡くなりて」「取りたてて，はかばかしき後見しなければ」とあるように，桐壺の更衣は政治的な後ろ盾に欠けていることがわかります。しかし，女御たちは実家の期待を背負い，桐壺帝の寵愛を受け正妻となり次代の帝を産むことを使命として宮中にいるのです。その使命を邪魔する存在が，ライバルとも思っていなかった更衣であれば，腹を立てて当然とも言えます。

　桐壺帝からの寵愛によって，彼女は周囲からの白眼視に遭います。語り手は桐壺の更衣の窮境の原因が，桐壺帝の貴族社会の秩序を乱す寵愛にほかならないことを繰り返し語りながらも，

その寵愛こそが桐壺の更衣の唯一のよすがであったことも繰り返し強調しています。本来の平安時代の宮中では許されない事態に、リアリティを持たせるためには、帝への配慮も必要だったのでしょう。

❷語り手の視点と表現意図

　作品の特徴の「語り手の立場」で述べたように、語り手は物語にリアリティを持たせるとともに、客観的な視点に立って語ろうとしています。帝を安易に批判しない語り手の立場は、現実感を感じさせます。同時に、桐壺の更衣の苦しい立場を繰り返し語ることで、現実には許されない桐壺帝からの偏った寵愛を批判することにつながります。同時に、【問い1】とつなげて、桐壺帝の側にも弘徽殿の女御に配慮しながら桐壺の更衣への愛情を貫こうとした一途さを読み取り、同情的な立場から解釈することもできます。

　桐壺帝を批判し、桐壺の更衣が迷惑に思っていたとみるのか、桐壺帝と桐壺の更衣が周囲との軋轢に負けず愛を貫こうとしたとみるのか、解釈が大きく異なることが想定されます。語り手がどのような立場から書こうとしていたのか、その表現意図を読むことにもつながります。

▶交流で想定される反応

S1：「人のそしりをもえ憚らせたまはず」って迷惑じゃん。

S2：「かたじけなき御心ばへのたぐひなきを頼みにて」だから、帝から寵愛されてるのはありがたいことのはずだよ。

S3：「あいなく」が上達部・上人への批判だって言ってたから、帝が寵愛してるのはいいことなのにって語り手は思ってるんじゃないの。

S4：寵愛のせいで病気にまでなってるんだから、困ってるよ。

S5：子どもが生まれてから態度を改めたんだから、桐壺の更衣も見直したんじゃないのかな。

▶問いに至るポイント

　冒頭文の「時めく」は受け身のモダリティが含まれ、意味をしっかりと認識してほしい語です。また、直前には「いとやむごとなき際にはあらぬが」という格助詞の「が」もあり、文法的にも重要な部分です。また、この冒頭文が桐壺の帖で語られる状況を最も端的に言い表している部分でもあります。全体を現代語訳した後に再度確認することで、内容全体を確認することになります。

　「桐壺」の帖での主人公は、本来の主人公である光源氏を生む母、桐壺の更衣です。その桐壺の更衣が桐壺帝からの寵愛をどう思っていたかという問いは、ひいては、語り手が桐壺帝のふるまいをどう描いているかという表現意図を問う問題になります。また、桐壺の帖の主題は、桐壺帝から桐壺の更衣への許されざる寵愛と、それによる光源氏の誕生です。

　桐壺の更衣が桐壺帝を好きだったか否か、という二択は、恋愛に強い興味をもつ高校生には

大変おもしろい問題となるでしょう。また，根拠を本文中に求めることで，全体を読み返すことにもなります。当時の「宮仕え」が現代の結婚とは大きく異なるものであることも確認できるでしょう。宮仕えがどういうものか，資料や他文献から確認してもよいと思います。

　桐壺の更衣が体調を崩してしまった原因は，現代の感覚からすればストレスと理解してしまうかもしれませんが，物語の舞台は平安時代であり，作者も，読み手も平安時代の人たちです。六条御息所のもののけも現出するのですから，「恨み」が積もり積もれば呪いなり生き霊なりの形をとって精神的肉体的に害が加えられることは，当時の人たちには当然のこととして受け止められたでしょう。『源氏物語』中にも生き霊の話があるわけですから，その部分を引用し読み比べるとより理解しやすいかもしれません。

▶描出表現

> いづれの御時にか，女御 更衣あまたさぶらひたまひける中に，いとやむごとなき際にはあらぬが，すぐれて時めきたまふありけり

は，伝聞過去の助動詞によって，語り手が客観的な立場から伝承を語る立場であることを示します。述懐するような語り口なのです。

> 朝夕の宮仕につけても，人の心をのみ動かし，恨みを負ふつもりにやありけん

でも，過去推量によって，寵愛される桐壺の更衣に対する，他の妃たちの動揺や怨念の累積を語り手が述懐する形で推量しています。

　桐壺の更衣に対して，語り手は，敬語を使うことも使わないこともあります。「いとやむごとなき際にはあらぬ」「ありけり」では敬語を使っていませんが，「すぐれて時めきたまふ」では敬語を使っていますし，後の「まじらひたまふ」でも敬語を使っています。「同じほど，それより下臈の更衣たち」には敬語を使用していないことから，桐壺の更衣に対して敬語を使うことは，彼女が主たる登場人物であることを強調する演出効果を持っています。

　また，「上達部 上人なども，あいなく目を側めつつ」の「あいなく」は，日本古典文学全集の頭注では，「「あいなし」は諸説あるが，ここでは上達部上人などの態度に対し，語り手の抱く，あらずもがなの困ったことだとする気持の表現とみる」と語り手から上達部・殿上人に対する批判的な認識だと述べています。その視点から，語り手は桐壺帝に対して同情的な人物であることが想定されます。

　桐壺の更衣に同情的な立場からみるか，桐壺帝に同情的な立場からみるかで，この問いの解釈は分かれます。

教材
9

源氏物語　桐壺

▶「読みの交流を促す〈問い〉の要件」の充足

意見を述べるために必要な根拠を全体から探し出す問いです。

要　件（▶理由）	充足
a　誰でも気がつく表現上の特徴を捉えている ▶冒頭の一文，桐壺の更衣の立場を表す言葉に着目させており，誰でも気がつく表現上の特徴を捉えた問いになっています。全体の内容を確認するために，再度冒頭文を確認し，その内容と重なる部分を全体から探していくことになります。	○
b　着目する箇所を限定している ▶「どう思っていたのでしょうか」という問い方は，桐壺の更衣の心情を理解できる箇所を本文全体から探すことになり，着目する箇所を指定しているとは言えません。	×
c　全体を一貫して説明できる ▶桐壺帝のふるまいに対しての評価や，桐壺の更衣の苦境については，何度も繰り返し述べられることで強調されており，作品全体からの説明が期待できます。	○
d　いろんな読みがありえる ▶語り手の立場から，桐壺帝に対して明確に批判するわけではなく，桐壺帝への擁護となる部分もあり，解釈に幅があることが想定されます。	○
e　その教材を価値あるものとする重要なポイントにかかわっている ▶桐壺帝と桐壺の更衣との間にどのような愛が交わされていたのかは，貴族社会における恋愛を主眼とする「源氏物語」において重要な部分です。	○

▶交流後の解釈例

　積もり積もった恨みによって，桐壺の更衣は「いとあつしくなりゆき，もの心細げに里がちなる」と体調を崩しています。桐壺帝の寵愛によって周囲からの反感を買い，そのために体調を崩すほどです。他者からの恨みが積もることで呪いを受けたような状況になっています。しかし桐壺帝はそんな桐壺の更衣の苦境を考慮していません。作品世界において桐壺帝の寵愛は社会秩序を乱し国を乱す悪徳であることが確認され，桐壺の更衣の孤立が強調されます。

　そんな中でも，「いとはしたなきこと多かれど，かたじけなき御心ばへのたぐひなきを頼みにてまじらひたまふ。」とあり，桐壺の更衣は，追い詰められた状況の中でも，孤立する原因となった桐壺帝からの寵愛を頼るしかない状況であることが語られます。「はしたなき」とありますから，桐壺の更衣にとって，桐壺帝の寵愛を受けた状態での宮仕えはきまりが悪くいたたまれない状況です。それでも桐壺帝の寵愛につく「かたじけなき」という形容詞は，語り手

が桐壺帝に同情的な立場であるからこそでしょう。

　「前の世にも，御契りや深かりけん」では，過去推量によって，桐壺帝と桐壺の更衣との間に前世の深い縁があったものと述懐する形で推量しています。桐壺帝と桐壺の更衣との間の愛と光源氏の誕生が，運命的なものであると強調されるわけです。

　桐壺の更衣の心情をもっとも表現しているのは，

> いとはしたなきこと多かれど，かたじけなき御心ばへのたぐひなきを頼みにてまじらひたまふ
>
> かしこき御蔭をば頼みきこえながら，おとしめ，疵を求めたまふ人は多く，わが身はか弱く，ものはかなきありさまにて，なかなかなるもの思ひをぞしたまふ

の2箇所でしょう。前者は光源氏の生まれる前，後者は生まれた後です。

　光源氏が生まれてから，桐壺帝は「おのづから軽き方にも見えしを」と語られるような桐壺の更衣への待遇をあらため，「いと心ことに思ほしおきてたれば，坊にも，ようせずは，この皇子のゐたまふべきなめりと，一の皇子の女御は思し疑へり」と思われてしまうような待遇をしています。桐壺帝が桐壺の更衣を正妻に取り立てようとしたと解釈する生徒もいるかもしれません。しかし桐壺帝の態度が変わっても，桐壺の更衣の心情は変わっていません。後ろ盾の十分でない桐壺の更衣は，他の妃たちに白眼視をやめさせることもできません。桐壺の更衣を苦しめる原因も，そこから助けるのも，桐壺帝の寵愛なのです。

解釈例1

　「かたじけなき御心ばへ」や「かしこき御蔭」と言っているので，桐壺の更衣は帝からの寵愛をありがたいものだと思っていた。でも周囲のひとたちに恨まれているのでつらくもあった。

解釈例2

　「人のそしりをもえ憚らせたまはず」とあり，帝の寵愛は桐壺の更衣の状況を悪くしているので素直にうれしいと思えない。けれど，帝に寵愛されるのは宮仕えする人たちにとってはありがたいことなので，断れない。

単元の学習デザイン

時	分類	問い	見方・考え方
1	ミクロ	語り手はどこにいるのでしょうか。 Ⓑ 桐壺の更衣への，桐壺帝からの寵愛の度合いについてまとめましょう。 Ⓐ	語り手 人間関係
2	ミクロ	桐壺の更衣への，世の中の人の評価はどのようなものだったでしょうか。 Ⓐ	主題
3	ミクロ	桐壺の更衣の出身についてまとめましょう。 Ⓐ	人間関係
4	ミクロ	桐壺帝の，息子たちへの寵愛の度合いについてまとめましょう。 Ⓐ	人間関係
5	ミクロ	「人よりさきに参りたまひて，やむごとなき御思ひなべてならず，皇女たちなどもおはしませば，この御方の御諫めをのみぞ，なほわづらはしう，心苦しう思ひきこえさせたまひける。」とあるが，「この御方」は，帝にとって，どのような存在だったのでしょうか。【問い１】 Ⓒ	主題
6	マクロ	桐壺の更衣は，「すぐれて時めきたまふ」ことを，どう思っていたのでしょうか。【問い２】 Ⓓ	主題

❶単元で働かせたい見方・考え方

　登場人物の立場を，貴族社会のあり方から考え，語り手の語り方に込められた思いを考えながら主題を捉える。

❷問いの組み合わせと学習デザイン

作品内容や構造を捉えるためのミクロな問い

　A　登場人物の人間関係に関する問い

　B　語り手に関する問い

　C　主題に関するミクロな問い【問い１】

主題に迫るためのマクロな問い

　D　作品の価値付け，主題に関する問い【問い２】　探究的な課題

　「源氏物語」のような古典で描かれる世界では，現代とは異なるものの見方，感じ方，考え方が当然のように存在しています。同時に，現代と似通った考え方や感じ方に共感を覚えることもあります。自身がどういう点に共感しているのか知ることで，自身の考え方を知ること，

また自身とは異なる考え方を理解し自身の考え方のバリエーションを増やすことが，古典を読む意義の１つです。

　宮仕えをする女性たちが何のために宮中にいるのか，帝はどのようにふるまうことが求められているのか，それを考えることで，現代との社会や文化の差を知ることにつながります。また，「身分違いの恋」をモチーフとする文学は古今東西絶えず存在することから，文学の魅力の普遍的な部分を感じることにもつながるでしょう。

　学習をデザインする際，ただ現代語訳に終始するのではなく，物語を理解するために必然的に文法や語の意味や現代語訳が必要になると実感できる仕掛けをすることで，生徒は主体的に古典を読むことに取り組むようになるでしょう。

　左の単元計画において，第１～２時の各問いは，本文をいくつかの部分に分けて読解していくための問い（Ａ）です。現代語訳をどの程度まで生徒に行わせるかは，生徒のレベルと学習の目標によるでしょう。また，それぞれの問いの答えにかかわる重要な部分を教師が提示してしまえば，生徒自身が必要な情報を読み取る学習はできなくなりますが，現代語訳や現代語と異なる古典のテクストを読むことに集中させることもできます。

　また，最後の【問い２】は，全体にかかわる問いになりますから，第１～５時で問うた，もしくは読んだこととも関連していきます。後々振り返って利用することを考え，板書やプリントを準備するとよいでしょう。

　語り手についての問い（Ｂ）は，「き」「けり」の違いと敬語の使用状況に触れることで，以降の主語が理解しやすくなるように，第１時に入れています。

　第１時では，桐壺の更衣が「更衣」でありながら帝に寵愛されてしまったことの異常さ（Ａ），第２時の問いでは帝の寵愛が宮中，ひいては貴族社会においては許されないものであったことを確認することを想定しています（Ａ）。第３時では桐壺の更衣の政治的後ろ盾の弱さを女御と比較しておくと後につなげやすいでしょう（Ａ）。第４時では一の皇子と玉の男皇子こと光源氏を比較することで，ひいては弘徽殿の女御と桐壺の更衣を比較することになります（Ａ）。第５時の【問い１】（Ｃ）までに，帝のふるまいがどうだったのかを振り返りながら読めるように読解を積み重ねていくといいでしょう。

　第６時では全体を振り返るかたちにしています。次に読む教材のことも考え合わせつつ，クラス全体で多様な解釈を共有できるとよいと思います。（Ｄ・【問い２】）

〈引用・参考文献〉
木村正中（2002）『中古文学論集　第五巻　源氏物語・枕草子　他』おうふう
佐藤信雅（2016）『源氏物語　草子地の考察―「桐壺」～「若紫」』新典社研究叢書284，新典社
藤田加代（1999）『源氏物語の「表現」を読む』風間書房
中古文学研究会（1979）『源氏物語の表現と構造』論集中古文学１，笠間書院
中古文学研究会（1982）『源氏物語の人物と構造』論集中古文学５，笠間書院
三谷邦明編（1994）『源氏物語の〈語り〉と〈言説〉』双書〈物語学を拓く〉１，有精堂出版
阿部秋生・秋山虔・今井源衛校注・訳（1970）『日本古典文学全集12　源氏物語１』小学館

問いと交流を中核とした学習デザイン

　読みの交流が文学の読みの学習の中核であれば，問いはその契機となるものです。読みの交流は，学習者の相互作用の可能性を根底としているため，最中に何らかの手立てを講じることが難しいものです。交流の成立や充実に不可欠な問いは，最も重要な要素です。

　読みの交流を中核とした1単位時間の展開には，次のような段階が必要となります。

① 導入：問いに取り組むための準備段階

　本時の学習に取り組むための見通しをもたせることが重要です。要となる叙述や読みの方略などを，問いの提示に先んじて触れる機会としたいところです。

② 問いの提示：問いに正対するための段階

　主体的な学びには，学習の動機付けが重要です。生徒の初読時の気づきや疑問を問いとすることで，探究する必然性が生まれます。教師が提示する際も，なぜそれを追求するのか，問われる意味を理解していることが望まれます。探究に値する問いを提示し，問いの答えとして何を追求するのかを明確にしておく段階です。

③ 解釈の形成：教材との対話の段階

　個として当初の解釈をもつ段階です。読みのフリーライダーを防ぐためにも，個人の考えや解釈をもたせる必要があります。読みの根拠をテクストの文脈から挙げさせ，なぜそう読んだのかといった読みの方略の違いを交流できるようにしましょう。

④ 読みの交流：他者との対話の段階

　他者との相互作用により，読みの多様性や解釈に至る根拠の違いを知る段階です。解釈を交流し合う中で，自分の読みの妥当性を再検討していきます。本書の想定する読みの交流は少人数グループでの活動であり，本質的にはできるだけ教師の介入を避けるべき時間です。教師は交流が円滑に進むよう交流環境（人数や構成メンバー，時間，学習者の移動の有無など）を工夫することで，西田太郎（2018）が示すようなメタ認知的活動を促す効果も期待できます。

⑤ 解釈の再形成：自己内対話の段階

　解釈を再形成する自己内対話の段階です。相互作用の結果として再形成された解釈をメタレベルから捉え直すことによって，自分の読みが対象化されます。作品解釈を刷新し，読みの方略のバリエーションの増加も見込めます。

第2章　理論編

　ハイデッガーは，「世間話」について，「世間話は現存在に，おのれの世界，ほかの人びと，そしておのれ自身への了解的存在を開示する。」と言っています。これだけでは何のことか分かりにくいのですが，言葉によって人と人がどうつながり，人が「生きている」実感を持つのかということの意味を言っているものと考えます。

　人間は過去を想起しますが，それが事実だと思えるのは，言葉によって他人と「昨日何した」というようにその過去を共有できるからです。自分の存在と意味を世間話は確かめさせ，癒しを与えてくれるのです。

　このような「世間話」の力をより強く明確にするのが，文学であり，文学をめぐる読みの交流です。大森荘蔵は，こんなことを言っています。

> …想起される過去に一番似ているのは，同じく知覚と無縁な命題集合である数学なのである。しかし数学に似た過去なんてとんでもないと思う人には，小説や物語りを勧めたい。

　哲学者の大森は科学一般を物語と位置付けているため，数学そのものも，より普遍的に共有される「物語」として見ています。しかし，世間話がもたらす癒しと同じような感覚を「数学」から受けとることのできる人は少ないでしょう。

　世間話における話の内容は，一時的なもので，移ろいやすいものです。つまり，そこで得られる「自己の存在と意味の確認」は安定しません。より確かなものして人間は小説や物語りを生みだし，それが受容され，ある場合には古典が形づくられていきました。人々はそれをめぐる読みと交流の実践によって，確かな生をささえようとしてきたわけです。そしてそれは，読むことによって「意味づける」行為であり，また，読みを他者に「伝える行為」でもあります。文学を読むこと，その読みを交流することは，人間の存在に不可欠な実践です。

　こうして，文学の読みというものが人間の基本的な活動であり，この行為を実践し，それを向上させていく文学の学習が重要なものとしてあることが確かめられるわけです。文学を読むことは，自己の存在に意味を与え，他者との関係の中に自己を紡ぎ出していく積極的な行為なのです。

マルティン・ハイデッガー著・細谷貞雄訳（1994）『存在と時間　上』ちくま学芸文庫
大森荘蔵（1996）『時は流れず』青土社

1 教室で文学を読む意義と読みの深まり

　文学を教材とする読みの学習において，読みの交流とよばれる学習活動の実践的意義が広くみとめられています。一方で，今回の学習指導要領の改訂によって，高等学校の教室から文学がなくなってしまうのではないか，といった意見もきかれます。そのような今日的状況を踏まえ，あらためて，文学の読みと，その交流にはどのような実践的な意義があるか考えてみたいと思います。

　文学教育の目標について，松本修（2001b）は次のように述べています。

> 　文学の読みとその交流は，名付けがたいものへの名付けという意味での創造行為であり，関係の中に自己を紡ぎだしていくという意味での創造行為でもある。この二つの創造行為は，認識と認識主体とをともに鍛えるという教育的目標のもとに文学の教材としての位置づけと，それを読み，その読みを交流する学習を擁護するものであり，優れた文学作品が安定的な教材として存在することの必然性をも擁護するものであろう。文学を読むこと，その読みを交流させること，この二つの活動を推進することそのものが，文学教育の目標である。

　「名付けがたいものへの名付けという意味での創造行為」とは，文学を読むことであり，「関係の中に自己を紡ぎだしていくという意味での創造行為」とは，読みの交流を指しています。そして，この2つの創造行為は分かちがたいものであると指摘されています。

　人が何かを語ろうとするとき，言葉にしがたいものであればあるほど困難を伴います。しかし，言葉にしがたい出来事ほど，その出来事を伝えたいと強く思っているはずです。そして，困難を伴うほど伝えるという行為が実現したとき，深い癒しを得ることができます。そのような深い癒しを求めて，人は語ることになりますし，文学とはそういった意味で言語実践の延長にあると言うことができます。翻って文学とは，人間がそれぞれ持つ言語の蓄積による主観的な世界の反映であると言えます。

　文学を読む過程では，自分が持っている認識と文章に表現されている認識を照らし合わせ，解釈しながら読みが推進されていきます。自己の認識の修正を繰り返しながら，言葉とのかかわりを見つめ直したり，私たち自身をとりまく世界がどのようになっているのかを理解したりすることになります。文学に描かれている書き手の主観的な世界を理解しようとして，読み手である自分の現実の世界が修正され，再構成されていきます。情報を取り出したり，物語のストーリーを追ったりするような文学の読みでは，言葉とのかかわりを見つめ直したり，私たち自身をとりまく世界がどのようになっているのかを理解したりすることはできません。これは山元隆春（2005）が指摘する〈要点駆動〉の読みの考え方に近いと言えます。

井上功太郎（2013）ではポール・リクール（1996）の「物語的自己同一性」の議論を踏まえて次のように述べました。

> 　アイデンティティとしての自己同一性と自己性とを区別した上で，自己性に関わって，自己の「証し」attestation という概念を提出する。これは，要するに時間の恒常性のなかで他者に向けて，自己の証しを立てることを要求されているというものである。時間のなかにおいて他者性を契機として，あるいは他者性のなかでのみ自己という存在が確認されるという視点に立てば，自己の解釈に固執することなど絶対的に起こらないのであるし，逆説的に自己へ向けられる反省は他者とのことばの交換でしか確認できないということである。リクールの言うように，テクストを読解し，解釈することは，自己や自己をとりまく世界を再構成する作業であるから，同時に他者とのコミュニケーションによって，自己やその取り巻く世界を確認することを欲するはずである。

　教室では，少なくとも同じ教室にいる生徒と同じ時間に，同じテクストを読み，解釈し，その解釈を交換します。文学という虚構のものを媒介として再構成されようとする自己の不安定な世界を語り，確認するということは，一人で読むよりも，自己の不安定な世界を再構成することの助けとなるはずです。

　文学の読みとその交流を通して，私たちは時間的・社会的リアリティーを得ることができ，私たちは安心して存在することができると言うことができます。自己の存在や自己をとりまく世界を意味付けていく力とコミュニケーションの力をつけることになります。このことは，教室を離れたところでの言語実践においても重要です。

　ところで，今日的なキーワードとして「主体的・対話的で深い学び」があります。文学を読み，その読みを交流することは，「主体的・対話的で深い学び」と言うことができるでしょう。しかし，文学を読み，交流しただけでは十分であるとは言えません。恣意的な解釈が相互に理解されぬままの空中戦になったり，水掛け論になったりしてしまう恐れがあります。松本修（2001a）は次のように述べています。

> 　個々人の読みを導く〈深さ〉の指標を，外在するものにもとめるのではなく，読み手の解釈における一貫性の高さや，解釈の生成や変化の過程における言及に見られる言葉の量的拡大や一貫性の強化そのものに求めていけばいい。読みの〈深さ〉もまた，読みの過程，読みの交流の過程そのものにおいてしか見いだされないものであろう。

　教材が持つ多様な読みを，プロセスも含めて生徒が提示し合い，交流するという読みの交流の学習として機能させていくためには，教師の教材研究が重要であり，「描出表現」や「空所」がポイントとなることが確認できたはずです。

読みの深さは，文学とその読みの過程にこそあらわれてくるものです。だからこそ，教室で文学を読む意義を踏まえながら，生徒の読みやそれがどのように交流されていくかを丁寧に見ていかなければいけません。読みとはある読みの方法によって導き出されたものであって，そこには特権的な読みなど存在しないはずです。生徒にとっても教師にとっても読みの姿勢とはそのようでなければならないのです。

2　読みの交流と言語活動

　平成20（2008）年告示の学習指導要領における「言語活動」は，いわゆる PISA ショック後の議論を反映した形で，学力の規定の変更と合わせて示されたもので，それまでの国語科の学習指導要領において示されていた言語活動とは異なる側面を持っているものでした。しかし，文科省は，「言語活動」の定義を，「言語による活動」とするだけで，実践に役立つ定義を一切示しませんでした。私たちは，改訂前の時期から，いくつもの学校での先取り的な実践と協同で研究を進める中で，授業づくりに使うための言語活動の定義を模索し，次のような定義にたどりつきました。

> 探究的な課題のもとに，活用を図ることにより，言語的思考にかかわる知識・技能および教科にかかわる知識・技能を確かなものとする，言語による表現を伴う相互作用的な活動。

　この定義は，思考力を育て，表現につながる学習をデザインする必要性，他者との協同・協調の中で相互作用的に発揮される実際的な活動の中で使える能力を育てていく学習を実現する必要性をふたつながらに満たすことができるものとなっています。とりわけ，探究的な課題（問い）が学習集団で共有されていることが重要です。

　松本修（2015・原型は2006）は，読みの交流の理論的モデルを図のように措定しています。

　読み手（学習者）は，テクストに向かい合い，テクストの文脈と自らの読みの方略や，テクスト

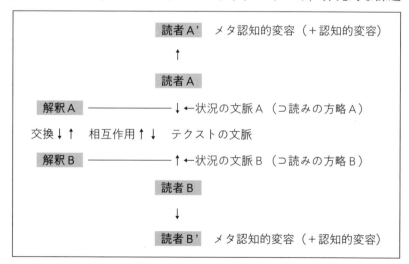

の言語形式や内容にかかわる経験などからなる状況の文脈とをリソースとして，読みを形成します。そこで得られた解釈を他の読み手と交換・交流し，話し合いなどの相互作用を経て，ときに認知的変容（読みの変容）を伴いながら，新たな解釈や読みの方略を手にするというメタ認知的変容を経て，新たな読み手へと成長していくということを表しています。読みの交流が成立したかどうかを研究上判断する場合には，メタ認知的変容を重視します。読みの交流の認定は，研究上では，次の項目を基準としています。

①テクストの文脈をリソースとした読みにおいて，どのような形で読みの交流がなされているかという検討を実際の学習者の話し合いをデータとして分析する。
②質的三層分析によって，読みの交流における話し合いを，形式・機能・内容の3つの層から検討し，学習としての価値ある活動となっているかどうかを検討する。
③内容についての検討において，メタ認知的変容が認められた場合に読みの交流が成立したとみなす。
④メタ認知的変容は，自分自身や他の学習者の読みについて，それを比較したり相対化したりする言及や，読み方などメタ認知に関する言及があることによって確認される。
⑤読みが変化するかしないか，認知的変容があるかないかとは関係なく，メタ認知的変容が上記の手続き・基準によって確認できればよい。

　要するに読みの交流の成立は，テクストの文脈・状況の文脈をリソースとして得られた個々の読みを，他者との交流の中で再検討する学習活動において，何らかのメタ認知的変容を見取ることができる場合に，認定できるというわけです。
　こうしてみると，読みの交流は，典型的な言語活動であると言うことができます。先の言語活動の定義の用語を読みの交流と関連させて示すと次のようになります。

・探究的な課題＝読みを深めるための問い（感想を書くとか，本の内容を紹介する文章を書くという見かけの活動では，十分な課題にならない）
・読みの知識・技能＝たとえば，隠喩や象徴にかかわる表現の意味を説明できること。
・活用を図る＝たとえば，隠喩や象徴について知っていることを自覚的・意識的に用いて，文学の読みに生かすことができること。
・言語による表現を伴う相互作用的な活動＝自らの読みをつくり，その読みを他者と話し合いなどの活動を通じてやりとりし，自分の読みを見直していくこと。

　文学の学習における言語活動を意味あるものとするには，やはり第一の「探究的な課題」の共有が大切です。それは，テクストの本質に届くような勘所を捉えた問いでなければなりませ

ん。アクティブ・ラーニングを標榜する実践例を見ていると，話し合いや相互行為をコントロールする「やり方」ばかりが取り上げられています。そうした傾向に押されて，国語の授業でも，意味のない形式的なエキスパート型ジグソー学習などが行われていますが，知識を構造的に組み立てるような教科構造になっていない国語科においては，無理な学習になってしまうことが多いのです。個々人が活用するリソースが違っていても，国語の学習は成立します。たとえば，作家論的なアプローチの読みをしている人と，テクスト論的なアプローチをしている人とが，その読み方の違いにそう自覚的でなくても，交流は成立します。「問い」は，個々の異なるアプローチを許容しながら，交流を促すものとして生まれてくるものです。

　先ほどは，読みの交流の成否を研究上捉える観点を示しましたが，授業の中で，読みの交流が成立しているかどうかを見取るには，次の点に気をつけるとよいでしょう。

①根拠をテクストの中から具体的に示しながら，それぞれの読みが適切な理由づけとともに提示されていること。
②自分自身の読みや他の学習者の読みについて，比較したり相対化したりしながら，メタレベルから言及していること。
③「読み方」（方略）についての何らかの発言があること。

　こうした点を，学習者の発言や記述から確認できれば，読みの交流は，学習として十分成立したものと見ることができます。

3　語り手・語り

1　語り手

　文学作品を書いたのは作者であると思っている中学生は多いでしょう。確かに作品を書いたのは作者です。しかし，作品を語っているのは語り手です。「吾輩は猫である。名前はまだない。」（夏目漱石「吾輩は猫である」）の語り手は猫であって，作者は漱石です。作者は，猫である「語り手」を設定して物語を語り手に語らせているのです。語り手とは，生身の作者とは異なる，作品内で物語を進めていく主体のことです。語り手は作品の外に実在するのではなく，あくまでも作者によって設定されたもの，機能であり虚構化されたものです。ではなぜ，作者と語り手を分離しなければならないのでしょうか。それは，それが一般的な論説文や詩歌にはない，文学作品ならではの特徴だからです。文学作品を読む上で，語り手の存在を意識することは，読み手の想定する作者が，語り手の語りを通して作品にちりばめた仕掛け（想定）を読

み解くことでもあります。語り手を意識しなかったとしても，語り手の仕掛けは読者の読みの過程で脳内現象として複雑性をもって読みとしてつくられていきます。しかし，語り手を意識するという見方・考え方をもつことは，作品の中の言葉への注目の度合いや解釈の多様性，作者が何を仕掛けたのかという読み方を獲得することにもなり，より読書行為を豊かにしてくれる可能性があります。また，語り手を意識するという見方・考え方は，どの作品を読むときにも役立つ読みの方略でもあります。

松本修（2006）は，物語の外縁構造モデルを次のように示しています。

生身の作者－想定される作者－語り手－話し手－
　　　　　　　　（物語内容）
　　　　　　　聞き手－読み手－想定される読者－生身の読者

作品は作者の手を離れた時から読者のものであるという『作者の死』という考え方からすれば，作者はあくまでも読み手によって創出された「想定される作者」であり，読者とて生身の作者にとっては「想定される読者」です。生身の作者が設定した語り手によって語られた物語は，読み手によって解釈されて作品として成立します。また，その物語が話し手によって実際の声で語られる場面とそれを聞く聞き手がいるという状況を想定したのが上記のモデルです。

2　語りと人称

ジュネット（1985）は「物語内容を語らせるにあたって，「作中人物」の一人を選ぶか，それとも物語内容には登場しない語り手を選ぶか，という選択である。」と述べています。登場人物の中から語る場合もあれば，外から語る場合もあり，前者は一人称，後者は三人称と呼ばれています。

例えば，『故郷』は「厳しい寒さの中を，二千里の果てから，別れて二十年にもなる故郷へ，私は帰った。」とはじまります。これは，登場人物である「私」による一人称の語りです。一人称による語りの特徴のひとつは，「私」は語り手であり，語られている登場人物の「私」でもあるという二重性をもっている点です。なぜ，この「故郷」は「私」による一人称で語られるのでしょうか。時代に追い込まれ変わってしまった閏土の内面を語るに忍びなく敢えて閏土の内面を覗くことができない「私」を語り手としたのではないか，または，直接語らずに読み手に委ねるという作者の仕掛けではないかと考えることもできます。語り手について考えるとき，このような解釈がうまれてくる可能性があります。

『少年の日の思い出』は複雑な語りの構造をもっています。「客は，夕方の散歩から帰って，私の書斎で，私のそばに腰掛けていた。」と，登場人物である「私」による一人称の語りではじまります。途中から私のもとを訪れた客である「僕」が少年の日の思い出を話し出す，とい

う展開になっています。作品全体の語り手は、「私」であり、回想部分の語りは「僕」の回想の語りを「私」が語っているという二重の構造をもっています。少年の日の思い出はあくまでも「僕」の思い出であるのに、なぜ語り手は「私」なのか。「僕」が「私」に語った思い出を「私」に語り直しさせた作者の仕掛けの意味を考えてみたくなります。

　登場人物の外から語る三人称の語りには、2つのタイプがあります。作品世界を俯瞰的に見下ろしながら全知的に語る超越的な第三者による語りと、登場人物に寄り添いながら語る第三者の語りです。作品内で視点が移動することもあります。小学校の教材である『ごんぎつね』では、作中には登場しない超越的な第三者である語り手が、「これは、わたしが小さいときに、…聞いたお話です。」と語りだしますが、しだいに、ごんに寄り添う語り手に変わり、ごんの行動の意味や心の中までを語ります。しかし、兵十の心中はなかなか語られません。ところが、終末の場面では、寄り添いが兵十に変わり、ごんの行為の意味に気づいていく兵十の心中が語られるのです。

　『走れメロス』は、「メロスは激怒した。」と、メロスに寄り添いメロスの心内を覗くことができる第三者の語り手によって語り出されます。しかし、途中では、「走らなければならぬ。そうして、私は殺される。」「私は、これほど努力したのだ。」のように完全にメロスの内面に入り込み、「私は」と語ってしまいます。いつのまにか一人称の語りになっているのです。そうかと思えば、「生意気なことを言うわい。どうせ帰ってこないに決まっている。」のように「〜わい。」「どうせ〜」のような表現で王ディオニスの心中を語る場面もあります。メロスが再び走り出すきっかけとなる「走れ！　メロス。」という語りは、超越的な第三者の語り手による声とも、メロス自身が自分を鼓舞している声とも受け取ることができます。このような語りの声が多様に受け取られる表現（描出表現）については、次節で詳しく述べます。

　作品全体、場面、この文の語りを前後の文脈や作品全体の語りの構造から考えることは、作品の中で使われている言葉への注目度を高め、多様な解釈を生み出し、想定する作者の仕掛けを読むことに有効に働くと考えられます。

3　語りの「今」と語られる「今」

　物語において語られる出来事と語り手が語っている現在には隔たりがあります。語り手は、語り手の立場から自分なりに語るのであって、あくまでも語り手の意味付けとしての言葉が綴られていることになります。丹藤博文（2018）は、「読むとは、語り手の意味づけを読者が意味づけていく行為であり、いわば解釈の解釈なのである。」としています。語り手は、語り手自身の登場人物や出来事への解釈や感情を時に露わにします。「少年の日の思い出」で、語り手はエーミールのことを「この少年は、非のうちどころがないという悪徳をもっていた。」「世界のおきてを代表でもするかのように、冷然と、」と語っていますがこれはあくまでも「僕」という語り手もしくは僕の語りを聞いた「私」という語り手のエーミールに対する「悪徳」

138

「冷然」という評価です。読み手は語り手の術中にはまりながらエーミールの人物像をつくっていくことになるわけですが，もし，語り手の語り方を捉える見方をもっていたならば，違う解釈がなされる可能性があります。語り手の描写や登場人物や出来事への介入の仕方を意識的に読むことも文学を読む読みの方略のひとつと言っていいでしょう。

4　語りに着目した教材分析

1　語りと描出表現

「語り（narration）」とは，物語を推進していく語り手によって語られる言葉のことであり，地の文とも言われます。ここでは，語り手による「語り」に着目した教材分析について「走れメロス」を事例に述べていきます。

「走れメロス」では，語り手は作中人物としては現れません。物語内容からは超越した第三者の語り手であると言えますが，視点人物であるメロスに寄り添い，メロスの心中や意識に立ち入りながら語っている文もあります。冒頭部分において物語の設定がなされつつ，語り手は三人称の作中人物を外側から判断し解説する面と，メロスの認知ないし心理に立ち入って解説する面とをもっています。下記は中盤の一節です。

ａふと耳に，潺々，水の流れる音が聞こえた。ｂそっと頭をもたげ，息をのんで耳を澄ました。ｃすぐ足下で，水が流れているらしい。（略）ｄその泉に吸い込まれるようにメロスは身をかがめた。ｅ水を両手ですくって，ひと口飲んだ。ｆほうと長いため息が出て，夢から覚めたような気がした。ｇ歩ける。行こう。

ａ，ｂの「聞こえた。」「耳を澄ました。」の語りは，聴覚に関連しており，「聞こえた」ことはメロスの知覚，「耳を澄ました」のはメロス自身の行為であると捉えれば，メロスの声であるとも受け取ることができるし，メロスの知覚・感覚を語り手が外側から描いている語り手の声であるとも受け取ることができます。ですからこの場合，メロスの言葉として理解する読み手と，語り手の言葉として理解する読み手とに分かれる可能性があります。また，ｃ「すぐ足下」「らしい。」という判断も，メロスの「すぐ足下」を「流れているらしい。」とメロスの視点からの足下であり，メロスが推論していると受け取る読み手と，語り手が外側からみて判断していると受け止める読み手とに分かれる可能性があります。しかし，その後のｄ「メロスは身をかがめた。」の「メロスは」という三人称表現は，語り手の声であると判断するのが一般的だと考えられますが，その後のｅ「飲んだ。」ｆ「気がした。」は再びメロスの声とも考えら

れます。また，g「歩ける。行こう。」は，メロスの意識そのものとも受け止められますが，語り手のメロスへの語りかけとも受け取ることができます。さらに，自らを積極的に物語世界と関わらせている読み手は，読み手のメロスへの語りかけと判断する場合もあります。このような判断の違いは，当該の文そのものの解釈だけによって起こるのではなく，近傍の文，ひいては作品全体をどう読んでいるかに起因しています。そのため，こういった語りの受け取り方の違いを協同の読みの場で出し合うことによって，読みの交流が促される可能性があります。

　松本修（2006，2015）は，「ナレーションに関する分析は，そのもっとも微妙な現れである描出表現の分析に典型的な形で現れる。」としています。つまり，このa，b，c，e，f，gのような語り手の声が多様に受け取ることができる表現は描出表現の標識を分析の枠組みとすることが可能であると言えるでしょう。描出表現を野村眞木夫（2000）は次のように述べています。

> 　描出表現とは，「と」などによる明示的な引用の標識が欠けているか，その作用範囲のそとで，コミュニケーションの参加者（※語り手・読者）と区別されるテクストの任意の参加者（※作中人物）の発話や思考の内容を対象とし，コミュニケーションの参加者のたちばからテクストの参加者（※作中人物）をさししめすモードで表現する類型である。（※註：佐藤）

　この定義に見合う形で次のような表現が標識となります。（松本（2006，2015）参照，解説のための注記※を加えた。）

〈描出表現の標識〉

叙述表現

　A　発話・思考を意味する表現

　「想像した」「思った」などの動詞，思考内容表現

　B　感情・感覚を意味する表現

　「恥ずかしかった」「寒い」などの形容詞

　C　視覚・聴覚を意味する表現

　「見えた」「聞いた」などの動詞

補助的な表現

　A　時間・場所・方向の表現

　副詞句（ダイクシスの軸がテクストの参加者を中心とする場合）

　　※語り手の現在と語られている現在の違いから，語られている現在にいる作中人物を軸にした時間・場所・方向に関する表現。例えば，「昨日」は作中人物の現在からみた昨日のことである。

　B　モダリティの表現

意志・推量・疑問のモダリティをあらわす叙法副詞・助動詞・終助詞類（判断や態度がテクストの参加者に帰属するとき）

※作中人物の判断や態度（意志・推量・疑問など）が窺える表現。例えば，「心奪われてしまいました。」の「しまいました。」には単に完了を表すアスペクト的意味だけでなく感情・評価の意味が含まれているとみることもできるが，その主体が作中人物に帰属している場合。

C　非再帰的な（※自分自身ではない）「自分」の表現
（テクストの参加者の発話・思考の内容の表現にあらわれるとき）（※註：佐藤）

　描出表現に着目して分析することは，教師が生徒のあらゆる反応を予想し，問いをつくるための教材分析の方法であると同時に，作品を読む際の「見方・考え方」のひとつであり，読みの方略でもあります。この読みの方略は，実際に語りに着目して読むことを体験し，他者と読みを交流し互いの読みを理解し合ってこそ身につく読みの方略です。描出表現に関わる「問い」とそれをめぐる読みの交流によって，読むための資質・能力が育まれていくと考えます。

2　描出表現と読みの交流の問い

　描出表現を基にした読みの交流の「問い」とはどのようなものでしょうか。前項の〈描出表現の標識〉に当てはまる語りの表現ならば，原則的にどれも多様な読みを引き出す可能性があります。しかし，読みの交流の問いにするためには，「読みの交流を促す〈問い〉の要件」（凡例参照）に照らして検討する必要があります。例えば，『走れメロス』における「私は，信頼に報いなければならぬ。今はただその一事だ。走れ！　メロス。」という表現について，「走れ！メロス」の声は誰の声かということを問うと，この作品全体に対する解釈の違いを顕わにすることができる可能性があります。メロス自身の声と読む読み手は，揺れ動くメロスの心情に感情移入して読み進めている可能性があり，語り手の声と読む読み手は，メロスを客観視しながら読み進めている可能性があります。作品全体への解釈ないしは感想が，どのような叙述（根拠）に支えられているのかを示すことができれば，読みの交流は具体的で相互に理解可能なものとなります。そういった対象がこの描出表現にかかわる問いであると言えるでしょう。

5　一人称の語りの小説における問いとその諸相

1　存在感の増す語り手

　文学作品は，通常，個人の内に閉じられた営みとして読み味わわれます。では，「国語教室」

で学ぶ意義はどこにあるのでしょうか。年齢や経験値も近いほとんど同じ境遇の他の学習者がどう考え，どう読んだか，ひとつの文学作品の国語教室で，相互の興味関心を刺激し合いながら意見を交流させ，その妥当性を検討していく中で，他者の読みに触れることは，中高生にとっては意義深いものがあるはずです。したがって，文学的文章が扱われる国語教室を活性化するためには，個々の学習者の気づきや考えを生じさせ，交流を促す「問い」が必要となります。

　仁野平智明（2013）は，小，中，高校と学年が進むにつれ，教科書に掲載される一人称語りの小説の割合も大きくなっていると指摘しています。このことは，特にそこに大きなねらいや意図が働いているわけではありませんが，結果的に大きな意義があると言わざるを得ません。一人称語りの小説で語られる内容は，意識的，無意気的に関わらず，語り手の「編集」を経ていると言うことができます。その「編集」内容と語られる物語との関連を検討しながら読み進めることが読者に課せられた「仕事」であるとも言えます。語り手による「編集」を読み取る際の主な観点は，

○語り手は作中の登場人物であり一人格として帯びている性格。
○多くが回想形式であり，物語のストーリーと関連しているその回想の様相。
○作品全体の「仕掛け」と密接に関連している「語り」の構造。

　これらの観点にそって，読みの交流で読みが深まるような「問い」を立てることが，一人称語りの小説を扱う国語教室をデザインする際の重要なポイントになります。

2　語りと語られる内容との違いに焦点を当てた問い—素朴な疑問からの出発

　例えば，安定教材のひとつで教科書に多く掲載されている夏目漱石『夢十夜』「第一夜」の最終の場面は，

　　自分が百合から顔を離す拍子に思わず，遠い空を見たら，暁の星がたった一つ瞬いていた。a「百年はもう来ていたんだな」とこの時始めて気がついた。

とありますが，一方で，「自分の方へ向いて青い茎が伸びて来た。」から「そこへ遥の上から，ぽたりと露が落ちたので，花は自分の重みでふらふらと動いた。」までは状況が進むにつれて，既にb「女が白百合となって会いに来た」確信の強度は増していったと読める所です。ではなぜ敢えて，a「「百年はもう来ていたんだな」とこの時始めて気がついた。」と語ったのか，という問いが考えられます。ここでは，aとbとがあたかも意図的にずらされて，作品の仕掛けになっているように捉えられます。ただ留意すべきなのは，aとbどちらが「真」で，どちらかが「偽」とする問いは避けたいところです。いろんな読みがあり得ることを前提に，学習者

それぞれの「読み」の「根拠」を述べ，意見を交流させ，その妥当性を吟味する活動が学習者の思考を活性化させます。また，ストーリーに注目させて，「夢の中での女の死」や「白百合に化身した女の再来」を意味付けさせる問いから，さらに「暁の星がたった一つ瞬いていた」の意味するところや「百年はもう来ていたんだな」の意味を問うアプローチも可能です。特徴的な語りの細部の表現である「真珠貝」「月の光」「星の破片」「少し温かくなった胸と手」「大きな赤い日」「遥の上から，ぽたりと落ちた露」「暁の星」という自然物や超自然現象を描いた表現は，表現上の特徴や作品のイメージや味わいの側面のみから捉えがちですが，ストーリーの構成と関連させた問いを立て，読みを交流させ，その妥当性を確認しつつ読みを深めることが重要なポイントになります。

3　語りに現れた「評価」に着目した問い

　同じく「第六夜」を例にあげ，語りから浮かび上がる「評価」に注目すると，作品の解釈の要約（あるいは主題）に迫ることが可能です。評価が明示されている部分を参考に，a鎌倉時代のプラス評価とb明治の現在のマイナス評価で全体を色分けするように読んでみます。留意すべきは，若い男の発言は，運慶の技を「大自在の妙境」と讃えながら一方で，「なに，あれは眉や鼻を鑿で作るんじゃない。あの通りの眉や鼻が木の中に埋っているのを，鑿と槌の力で掘り出すまでだ。まるでa土の中から石を掘り出すようなものだからけっして間違うはずはない。」と述べる。語り手その人である自分も「よくああ無造作に鑿を使って，思うような眉や鼻ができるものだな」と感心した一方で若い男の言を真に受けて「自分はこの時始めて彫刻とはbそんなものか」と思い出してしまいます。aとbは同じことを言っていますが，bは空所になっています。しかも，「彫り始めて見たが，不幸にして，仁王は見当らなかった。その次のにも運悪く掘り当てる事ができなかった。三番目のにも仁王はいなかった。自分は積んである薪を片っ端から彫って見たが，どれもこれも仁王を蔵しているのはなかった。ついに明治の木にはとうてい仁王は埋っていないものだと悟った。」と，仁王が彫れないのは「明治の木」に起因すると悟ったとあります。この悟りとはどういうことか，という問いもまた，最後の「それで運慶が今日まで生きている理由もほぼ解った」と，空所になっている「理由」も考えさせたい問いです。このような語りに浮かび上がる「評価」から問いを立てる方略は，『城の崎にて』や『檸檬』といった作品でも有効であると思われます。

4　語りの特徴から作品の本質に迫る問い

　夏目漱石『こころ』の教科書掲載部分は「下　先生と遺書」の一部です。語り手「私」は「先生」その人ですが，青年に宛てられた遺書は「先生」自身の学生時代の回想でありながら，三人称的な印象を受ける語りです。「語る今」が垣間見られる箇所を問いとして確認することで，理解が深まります。

a　彼の重々しい口から，彼のお嬢さんに対する切ない恋を打ち明けられた時の私を想像してみて下さい。私は彼の魔法棒のために一度に化石されたようなものです。口をもぐもぐさせる働きさえ，私にはなくなってしまったのです。

b　私は苦しくって堪りませんでした。おそらくその苦しさは，大きな広告のように，私の顔の上に判然した字で貼り付けられてあったろうと私は思うのです。

aは，遺書の読み手である「青年」に問いかけている部分です。a，bどちらも，推測であり，比喩ですが，自分では見ることのできないはずの自分の表情を第三者的視点から描いている部分でもあります。このような部分を学習者に問うことで，常に他者の視線を気にかける「先生」の人となりに迫ることができます。

森鷗外『舞姫』は，留学の帰路で語られる「今」の記述から始まりますが，これから語ろうとする留学中におこった事件に，読者の関心を引き込む暗示的な伏線が「これには別に故あり」（２箇所）「その概略を文に綴りて見む。」と記されています。また，留学中のこれらが語られた後の「嗚呼，相沢謙吉が如き良友は世にまた得がたかるべし。されど我脳裡に一点の彼を憎むこゝろ今日までも残れりけり。」の「今日」は，帰路の船中の今を通り越して帰国後の今と捉えることのできる，レベルの違う語りです。

このように語る「今」を問うことで，作品の構造が浮かび上がり，学習者が自分たちでそれを確認しながら作品を味わうことができます。

6 比喩と象徴

1　比喩の構造

比喩は人間の自然言語にもともと備わっている表現の機構です。それは一般的には，ことばの通用の意味ではなく，むしろそれを覆す新たな発見の表現として現れます。直喩は，その発見を明示的に示します。

墓地には，ひがん花が，赤いきれのようにさき続いていました。（ごんぎつね）

「ひがん花」と「赤いきれ」の関係が発見され示されています。「ひがん花は赤いきれに見える。」ということが「ように」という直喩指標で明示され，ひがん花を赤いきれのイメージに重ねて表象するという認識が共有されます。この直喩指標を抜いたものが隠喩になります。直

喩指標がないということは，たとえる物とたとえられる物の関係が推測しやすいということが前提となっています。「白雪姫」という名前を聞いたとき，「白雪」のように肌の白い「姫」という推測が働き，イメージ化されるわけです。隠喩は創造的でありつつも，推測が可能なものでなければなりません。直喩ならイメージ化しにくいものでも可能は可能です。例えば，「豆腐のようなパソコンを起動する」という表現は可能ですが，「豆腐を起動する」という表現には無理があります。

　この関係がやがて固定化すると，隠喩としての意識はうすれてしまい，通常表現として受け止められます。「私の研究は壁に直面した」は隠喩表現として意識するような表現ではありません。実際，辞書の「壁」の項目には，本来の「建物の外部を囲み，また部屋を仕切る物」という意味の他に，「困難や障害」「人と人との隔て」というような意味が説明されています。

　詩的表現は音楽的な美しさとともに認識上の創造的な発見を伴います。まど・みちおの次のような詩を見たとき，人は「なるほどそうだ」「はじめて気づいた」という感想を禁じ得ません。

　キャベツ
どんな　バラが　さくのか
この　おおきな　つぼみから

　この詩は，キャベツ≒バラのつぼみという隠喩に支えられています。隠喩は直喩に比べると，喩辞と被喩辞の関係がある程度近くないと成立しないわけですが，それが近すぎたり慣習化しすぎたりしてしまうと陳腐な表現になるわけです。しかし，たぶん誰も，キャベツをバラのつぼみとは考えなかったのです。そこにこの詩を読むときの驚きがあり，詩人の発見に共感する感動が生まれます。キャベツはいったん広がった葉が折り重なって結球していくものですが，既成概念を外してその姿をみると，これから開くつぼみのようにも見えるわけです。しかもしばしば赤みを帯びたその外側の葉は，これから染まる花びらにも見えます。このようにちょっと考えないと解釈が導かれないという事態を語用論などでは「解釈コスト」がかかるといいますが，まさに解釈コストに比例する形で表現の斬新性があり，解釈する側には感動が生まれるわけです。

2　文学における象徴

　文学には象徴が多く現れます。その表現の解釈がテクストの読みを支えることになります。そこでは，言葉の多様な意味を推測しつつ，その中から解釈を構成できるものを選択し，組み合わせていくという解釈過程があるのです。それは，「空所」をめぐってその補填のために様々なテクストの部分同士を関連付けていく読みのプロセスとよく似ています

　『白いぼうし』（あまんきみこ）には，「夏みかん」が登場します。文学を読む場合には，「夏

みかん」は小道具のようなもので，何かの意味を帯びているに違いないと推測します。その夏みかんは運転手の松井さんの「いなかのおふくろが，速達で送ってくれ」たものであることがわかります。客が「レモンのにおいですか」と尋ね「いいえ」と答えているから「レモン」と「夏みかん」の対立を含む範列の中で，「田舎」とか「おふくろ」という連辞的な関係につながる意味が推測されることになります。文学的象徴は，普通に校旗が生徒の団結を象徴するというようなレベルではなく，そのテクストにおける創造的な象徴をより指向するレベルの意味を担うものです。「夏みかん」は「自然や季節感との緊密性」「松井さんの故郷との繋がり」を意味する（象徴する）というような解釈が可能になります。

　連辞的な意味のつながりと範列的な意味の広がりの積み重ねとしての文脈が形成されると，表現がそれ自体多様性を持ちつつ，テクストの解釈に反映されていくことになるわけです。

　『サーカスの馬』（安岡章太郎）には，次のような情景描写があります。

> 　朝，遅刻しそうになりながら人通りのないその「小路」を，急ぎ足に横切ろうとすると不意に，冷たい，甘い匂いがして，足下に黄色い粒々のくりの花が散っていた。

　情景描写は，たんなる描写ではありません。なぜ，ここに栗の花が散っていて，甘い匂いを放っているのか，その象徴としての意味を読み手は考えることになります。旧制中学に通う鬱屈した気分を抱えた「僕」が通る道の栗の花とその匂いは，大人になりかけの少年の密やかな青春の「気分」を象徴するものとして感じることができます。「冷たい，甘い」匂いは，戦時下の旧制中学校の「とりえのない生徒」の「僕」の気分に寄り添うものとして現れている，と捉えることができます。

　『走れメロス』（太宰治）には，次のような描写があります。

> 　斜陽は赤い光を，木々の葉に投じ，葉も枝も燃えるばかりに輝いている。

　連辞的な意味のつながりと範列的な意味の広がりの積み重ねとしての文脈の中で「赤」という言葉の隠喩的意味，「燃える」という言葉の隠喩的意味が重なり合い，この情景描写は，直前にあるメロスの「名誉を守る希望」を象徴する表現だというような解釈が可能になります。このような解釈は，単純な辞書的意味からは導かれないという意味では解釈コストが大きく，しかし比較的安定的な隠喩的意味に支えられているという意味で，わけのわからない解釈不能な表現というほど解釈コストは大きくありません。そこでは，メロスの感情と情景は呼応しています。

　比喩や象徴は，その解釈が成立し意味をなすために，連辞的つながりや範列的意味の広がりが構造的に関連しつつ，適正な解釈コストを払う読みの行為によって達成されるのです。

7 空所に着目した教材分析

1 空所と否定

　ドイツの文学研究者 W・イーザーは，作者が創造したテクストは，読者の読書行為においてはじめてその効果を発揮すると考え，テクストに対する読者反応を中心にすえた，読書行為論を構築しました。イーザーの中心的な概念に，〈空所〉と〈否定〉があります。テクストは様々な組合せからなる一システムであり，組合せを具体化するための場もシステム内に用意されているという考えから導かれました。松本修（2015）はその定義を次のように要約しています。

　　テクストには本来書かれてしかるべきことがらの中に，書かれていないことがあり，その間を読者が想像力を働かせて埋めつなぎ，一貫した意味を作り出さなければならない。そうした働きをするテクストの要因・箇所を〈空所〉という。しかし，読者がそのようにして紡ぎ出す一貫した意味を否定するような要素がテクストにはあり，そのような働きを〈否定〉という。読者は〈空所〉を埋めて一貫した意味を紡ぎながら，自らの考えを〈否定〉するテクストの作用によって，自らの読みにおける意味の体制の更新を行う。

　例えば，芥川賞作家，目取真俊の『ブラジルおじいの酒』は，戦後沖縄に戻ったブラジル移民のおじいと村の少年「僕」の交流を描いた小説ですが，それまでおじいと僕によって古酒と認識されていたものが，おじいの死後，戦争を知らずおじいを理解しない村の若者たちには精の抜けた水にすぎず，もはや酒とは感じられないものに変質していたといった，テクスト内の省略，飛び地である空所が用意されています。作品は，割られた瓶の酒に群がる蝶の幻想的なシーンで結ばれ，それが確かに酒であることが死者の魂を象徴する蝶によって示される，特徴的な結末となっています。

　読者は，ストーリー上の「常識」として読んできた美酒の存在が，突然「精の抜け」た水へと変わり「非常」に離れることへの疑問に立ち止まり，文脈の上では繋がらないものを繋ぐという，空所を埋める行為に誘われるのです。「瓶の中の酒があるものにとっては美酒であり，あるものにとっては『精の抜け』た水に過ぎない」というのは読み手の積極的な働きかけを待つ〈空所〉であり，しかも常識では説明できない〈否定〉としての機能を持つことになるのです。

2 空所の問いの導き方

　作品の空所は，「不思議だな」「なぜそうなるの？」といった初読時の疑問に見いだすことが

できます。生徒により指摘された空所を学習課題にすることで、主体的な学習も可能になります。

『ブラジルおじいの酒』の空所、「瓶の中の酒があるものにとっては美酒であり、あるものにとっては「精の抜け」た水に過ぎない」を問いにするには、どのようなことに注意しなければならないのでしょうか。

例えば、「ぼくと蝶以外におじいの酒が酒として感じられなかったのはなぜか」というような問いをめぐる交流では、「感じられるものにしかわからない特別な酒だったのだ」や「古酒の味が戦後の人々にはわからなくなっていたのだ」などの、恣意的な解釈を再び根拠にしてしまう水掛け論、空中戦に陥りやすくなります。一方、「末尾の二文『羽根の色は美しかった。見上げる夏の空の青い底に、まだこの世界に訪れない無数の蝶が舞っているような気がした。』は語り手のことばか、少年のぼくのことばか」という問いのもとでは、物語場面での作中人物「ぼく」に寄り添う読者と、語りの場での語り手に寄り添う読者を両極とする様々な読み手の立場が、具体的なテクスト上の標識を根拠としながら提示され、互いに理解可能な形でそれぞれの読みを検討し、振り返ることができます。

末尾の表現を少年「ぼく」の感覚に限定して把握し、冒頭部分から戦争の記憶の風化に対して批判的な認識を強く持つ場合、「魂信仰に代表される伝統文化、戦争の記憶などの歴史性が継承されず断絶していってしまうことへの哀惜」という主題を導く可能性があります。また、記憶の風化に対して批判的な立場をとらず、末尾の表現も超越的な語り手の希望にかかわるものだと把握した場合、「失われつつある戦争の記憶や伝統文化が奇跡のように語り継がれ伝承されていく可能性への信頼」というような主題を導く可能性があります。

このように語りに関する問いは、それぞれの読者の相異なる読みの形成プロセスを、ミクロな視点から追うことを可能にします。また空所は、書かれてあるべきことが書かれていない（説明されていない）ことがらを埋めるように読み手に促す「働きかけの契機」ですから、読者が想像力を働かせて埋めつなぎつつ、一貫した意味を作り出さなければなりません。

そのためにも、空所部分の「語り」を問う事で、解釈の恣意性を排除し、テクストの文脈を根拠に相互に検討することが可能な状況を作る必要があるのです。

3 空所を問う意味

W．イーザーは、〈否定〉は「選択された規範の中にだけ空所を生み出すのではなく、読者の立場にも空所を作り出す。すなわち、慣習化している規範の有効性が否定されると、読者は自分では当然と思っていた既存の世界に対して新たな関係に立たされる。（中略：桃原）空所を補填するには、読者はテクストを真に自己の経験となしうる態度をとらざるをえない。」として、二重の機能があるとしています。

山元隆春はこの2つの〈否定〉について、「〈第一の否定〉はテクストに指示され仕掛けられ

た〈否定〉であり，〈第二の否定〉は読者のものの見方に向かう〈否定〉である。」と述べ，〈第二の否定〉の重要性を強調しています。

　桃原千英子（2011）『ブラジルおじいの酒』の読みの交流で，空所「青年たちにはお酒が水に思えたのはどうしてだと思うか」について考えさせました。学習者Rは答えを導くにあたり「最初は，【区長が言った「精の抜けておるむん」の精は，アルコールの事ではなく，味やにおいの事で，上原はそれを本当の意味のアルコールと勘違いして，「水るやるむんな」といった。】としたのですが，この答えを裏付ける確証がつかめず，結局考え方を変えるために，この答えを捨ててみることにしました。」と述べ，テクストに仕掛けられた〈第一の否定〉により，考え方の変更が求められ新たな関係に立たされたことが示されます。続いて「そうしてみると，他に全くまともな答えが見つからず，結局なにもこれといったものが思いつかぬまま，グループでの話し合いに臨みました。そこでは，【その酒が特別な酒だったから】という答えで全員一致」し自分も納得したと，恣意的な解釈を根拠にした水掛け論が示されます。その後「しかし，この作文を書きながらよくよく考えてみると，この答えに対し，一つの疑問が浮かびました。『魂であれど元は人なのに，なぜ魂にならないと分からないような味があるのか。』です。」と「学習者の認識を否定する空所の機能」が示され〈第二の否定〉が生じたことがわかります。最後に「そこで思いついたのが，【酒に入っていたのは精ではなく今までの思い】という説です。」として，根拠の妥当性を示し一貫した解釈を展開します。

　このように，他者との対話の中で第二の否定が生じ，従来の認識が更新され，新たな意味付け，作品の本質に迫る深い読解が可能になるのです。空所に関する問いは，交流により読者の立場にも空所を作り出し，それまでの認識を否定する状況を作ります。その結果，ものの認識を更新し，作品の本質に迫る深い読解が可能になるのです。

8　複数の問いの組み合わせ

　授業の成否を決めるのは学習課題です。特に「深い学び」の実現には，それを可能にするような問いを立てる力，組み合わせる力が教師に求められます。生徒の読みの発達段階や，テクスト理解の過程，認識のメタ認知などの思考過程も考慮し，複数の問いを組み合わせることで，一貫した解釈形成を可能にすることが望まれるのです。

1　小さな〈問い〉と大きな〈問い〉

　松本修（2014）は，交流を促す〈問い〉には次の二種類があるとしています。

①「小さな問い」…ある部分の叙述をどのように理解するかで一応答えられるような，作

品のミクロ構造にかかわる〈問い〉

②「大きな問い」…作品全体の構造や主題にかかわり，作品中のいくつもの叙述を結びつけて，有機的にそのつながりを説明しないと答えられないような，作品のマクロ構造にかかわる〈問い〉

　第1章で描出表現の分析を行っていますが，この描出表現にかかわる問いが，「小さな〈問い〉」となります。例えば『走れメロス』では，「『私は，信頼に報いなければならぬ。今はただその一事だ。走れ！　メロス。』という表現について，『走れ！　メロス。』は誰から誰への語りかけか」という部分テクストに関する問いが該当します。ここでは，「私は，信頼に報いなければならぬ。今はただその一事だ。」という部分が，「私」という一人称，「今」というダイクティックな表現によって，作中人物メロスの心中思惟そのものが引用表示なしに提示されている自由直接表現と把握できます。この部分との照応関係をどの程度認めるかによって(1)メロスが自らに話しかけている，(2)語り手からメロスへの声，(3)語り手に同化した読み手からメロスへの言葉，(4)超越的な第三者からの語りかけ，というようにテクストの文脈を根拠とした一応の答えを導くことができるのです。

　「大きな〈問い〉」には，これまでに紹介してきた，比喩・象徴・空所に関する問いや，プロットに関する問いが挙げられます。『走れメロス』の問いでは，「最後の一文，『勇者は，ひどく赤面した。』で作品が終わる意図を考えましょう」が該当します。「勇者は，ひどく赤面した。」という物語の「語りおさめ」の仕掛けを検討する中で，「顔を赤らめて」仲間に入れてほしいと言った暴君ディオニスとの人間的感情の共通点や，「赤」に関わる表現の象徴性など，作品中の叙述を結び付け，作品全体を一貫したものとして解釈していくのです。自分なりに意味付け，作品の価値付けをする学習のまとめとしての役割を持った問いと言えるでしょう。

　松本（2015）は，ミクロな問いとマクロな問いを組み合わせることで，読みの交流を通じて自分の読みの見直しが図られやすくなることを述べています。

2　ストーリーの問いからプロットの問いへ

　ラッセル・ハントとダグラス・ヴァイポンドは，小説に対する読者の反応プロトコル分析に基づいて，読みの姿勢には下記の3つの様式があることを明らかにしました。

①情報駆動の読み　　　　　　　…テクストの情報を読み取ろうとするもの。
②物語内容（story）駆動の読み…テクストのストーリーに焦点を当てたもの。
③要点（point）駆動の読み　　…テクストの書き手の存在を意識して，見えざる書き手との対話を進めながら読むもの。対話的な読みとも呼ばれる。

文学の読みにおいて，単に情報を受け取るだけの読みから，〈筋〉を追いかける楽しさを伴った読みへと移行し，さらにその上で見えざる〈書き手〉との対話を推進するような読みを営んでいくことが，テクストを能動的に読むということなのです。つまり〈ポイント駆動の読み〉が可能になるか否かが，読みの成熟と関わっており，何らかの相手意識を持ちながら読み進めていくことが，テクストから自分なりの世界を描き出していく上で重要だとされているのです。単にストーリーに従って読み進めるだけでは，読者の内部に何らかの意味は形成されても，解釈は生み出されないからです。

　授業で問いを提示する際には，「それから？」を聞くストーリーの問いから，「なぜ？」を聞くプロットの問いへと質を変え，そのテクストにおいて作者がいったい何を語ろうとしているのかということに意識を差し向けることが望まれます。それにより，より高次の段階で解釈という営みが可能になるのです。もちろんプロットを読み取るためには，ストーリーの理解が前提となります。生徒の読みの発達段階に応じ，読みの姿勢を段階的に高められるよう，問いを組み合わせる必要があるのです。

3　複数の問いを組み合わせる意義

　桃原（2010b）の『ブラジルおじいの酒』を教材として読みの交流を行った授業では，発問①：青年たちにはお酒が水に思えたのはどうしてだと思うか。〈空所に関する発問〉，発問②：末尾の二文「羽の色は美しかった。見上げる夏の空の青い底に，まだこの世界に訪れない無数の蝶が舞っているような気がした。」は，語り手の言葉か，少年の僕の言葉か。〈語り手に関する発問〉を提示し，最後に「作者が読者に言いたかったこと」〈ポイント駆動の読みを促す発問〉を書かせました。

　その結果，生徒Rは「作者が読者に言いたかったこと」を，発問①の自身の答えに即して「表面の味を気にするんじゃなく，もっと中身を味わおうとする。それが，今の社会に抜けているところではないのか，つまり，このことこそが，作者が言いたかったこと〔主題〕なんじゃないかと私は思います。」と説明します。

　松本（2015）はこの記述に対して，「ここには，発問②で最後の語りを『未来の僕』と捉えているRの読みが反映され，それが発問①についての読みと結びつき，このような主題が読み手に像を結んだと考えられる。つまり，交流方略にかかわる読みの実現は，一つの〈問い〉で必ずしも満たされるわけではなく，ときには複数の〈問い〉のかかわりによって満たされる可能性があるということが示されている。」として，「要点駆動」に状況がアフォードするように，場を作り替えていくための契機としての複数の〈問い〉のかかわりを指摘しています。

　また「ある描出表現を抽出し，それにかかわる〈問い〉を提示することは，テクストの細部への着目は促すものの，テクスト全体のマクロ構造への着目は促されない。」として，2つの課題を組み合わせることで〈問い〉の一貫性方略が満たされ，さらに個々の読み手が持ってい

る読みの傾向が全体としてどう現れ，語りの把握とどのように関係するかがわかるとしています。その上で，発問①②のような「読みの交流を促す条件を備えた語りについての〈問い〉」と，「読みの交流を促す条件を備えたテクスト全体の読みにかかわる〈問い〉」を組み合わせた学習デザインは，テクストの細部の読みを切り離して答えることを不可能にする，理想的な組み合わせだとしています。

　複数の問いの組み合わせは，「読みの交流を促す〈問い〉の要件」の補塡により一貫した解釈形成を可能にする状況づくり，要点駆動に状況がアフォードするよう場を作り替えていく契機，という２つの意味があるのです。

9　学習者に獲得される「空所」概念

1　「空所」概念の実践化

　学習者の「空所」概念の獲得は，読むという行為に内在する機能を知ることであり，その働きに気づくことです。「空所」への着目は読みを深化させます。もちろん，学習者が読書行為論としての「空所」を理解することではありません。「空所」を実践レベルに置き，学習者の立場で捉え直すことで，新たな読みの可能性を模索する試みと言えるでしょう。

　鍛冶哲郎（1996）は，イーザーの「空所」を「無規定箇所」と置き換え，次のように述べています。

> 　読者はテクストから一定の規制を受けつつ，Leerstelle（空白箇所）を想像力を働かせ次々に埋めながら，関係が規定されていない各部分を相互に関連づけてひとつの意味を構成するのです。

　ここでは，「埋める」と「関連付ける」という考え方が共存するかたちで「空所」の解釈がなされています。「空所」概念が実践の中で学習者に生かされるためには，「空所」がもつ２つの働きに着目する必要があります。

①欠如部分の補充・補塡に着目した「埋める」読みの契機
②結合箇所の意味付けに着目した「関連付ける」読みの契機

　①の「埋める」読みは，近接する語と語，文と文の間，行間を連想することになります。書かれていないことに着目し，前後の関係から部分的な解釈形成を促します。「空所」を結合箇所としている②「関連付ける」読みは，文学テクスト全体を対象とした解釈形成を促します。

学習者にとって重要なことは，「埋める」場面と「関連付ける」場面が経験されるということです。端的に言えば，部分に着目して「空所」を「埋める」こと，全体を捉え「空所」を起点として「関連付ける」ことです。

2 「予測」と「交流」が生み出す「空所」の効果

　学習者が「空所」に関する2つの読みを経験するための仕組みが学習の中に必要です。その仕組みは，学習者が読み手としてテクストに能動的に関わる中で，2つの読みを必然的に求めていくようなものでなければなりません。

❶「予測」によって「空所」に気づく

　石黒圭（2008）は「予測」について，「当該文を読んで感じられる情報の不全感を後続文脈で解消しようとする理解主体の意識の働き」と規定しています。「予測」が一文を根拠とした文脈や関連性をもった解釈であった場合，「予測」の必要感として存在する「空所」，あるいは「予測」の結果として生まれる「不全感」としての「空所」があります。また，「予測」によるズレが読みを更新するといった考え方が，「空所」と「否定」との関係性にも類するものになります。

❷交流によって得られる「空所」の効果

　「予測」によって得られる「空所」への気づきは，他者との交流によって本来の効果を得ると言えるでしょう。学習者が文学テクストとのかかわりの中で，「埋める」読み・「関連付ける」読みを発揮し，自身でそれを更新していくことは容易ではありません。桃原千英子（2010a）は，「空所」と交流との密接な関係を示唆しています。読者と文学テクストの相互作用における「空所」の働きを考慮すれば，交流の果たす役割は大きいと言えます。

3 学習者に獲得される「空所」概念

　西田太郎（2019）は，実践への導入を念頭にした「空所」概念を次のように示しています。なお，ここでは【課題意識】【方略】が学習者に獲得されることが，「空所」概念の獲得と位置付けられています。

【前提】・空所はテクストの不確定性に裏付けされる

【本質】・空所はテクスト内で保留されている結合可能性

　　　　・空所はテクスト内で補填を期待される欠如部分

【作用】・空所は読者とテクストの相互作用を活性化させる暗黙裡の契機

【学習者の課題意識】

　　　　・読まれる前の物語は未完成であることから，読むことによって残された余地を満たす。

> 【方略】・不全感を補うために意味付けする。
>
> ・テクストの予測によって語や文のつながりを考える。
>
> ・テクスト全体の構造や一貫性において重大なつながりを追究する。
>
> ・意味的な関係連続や語と語の連接関係から，書かれていない語や文を補う。
>
> ・意識的あるいは無意識的に補った意味付けや関連付けを交流によって検討する。

4 「空所」概念の獲得を目指した実践授業

西田太郎（2019）は，予測や交流を組み込み学習者が「埋める」・「関連付ける」という2つの読みを経験した実践を示しています。対象は小学校第6学年です。Shel Silverstein『おおきな木』（村上春樹訳）を扱った全5時間の単元です。

学習者には第1時から第4時まで，テクストの冒頭部，展開部まで，山場部まで，全文というように叙述が提供されていきます。学習の流れは，前時に予測した内容と提供された内容の照合を話題に交流し，継続部を想起させる一文を見つけ，物語を予測するといったものです。第5時は，自分の読みを交流することを通して作品に対する読みを再考する時間として位置付けられています。

各時間に提示する叙述は，該当箇所を印字したB4プリントを使用しています。学習者の目的意識は，他者と交流しながら作品に対する自分の読みをまとめることです。主な学習活動は，提供された叙述から後続部を予測すること，予測した部分と新たに提供された部分とのズレを検討することです。予測の際には，予測の起点となる一文を明らかにし，他の叙述との関連性を考慮することが確認されています。

第1時の時点では，後続部で補填を期待される膨大な欠如部分を想像するといった「埋める」意識の強い予測となっています。学習が進み，叙述が提供されるにつれ，「関連付ける」ことによって生まれる解釈を基にした予測が加わってきます。

第4時における学習者の記述として次のようなものがあります。

> 木の少年への気持ちは態度から分かるが，少年の木への気持ちは読み取り難い。この感情を読み取る必要があるのではないかと思う。少年が最後にしあわせであるのかが書かれていない。これは木が最後本当にしあわせになったのかにかかわると思う。木の望みは少年のしあわせだから。物語のテーマは本当の幸せだと思います。

傍線部のように，学習者は叙述としての存在の有無と文脈として描かれていることを指摘しています。これは，学習者が「空所」の効果を得た状態であると言えるでしょう。

実践授業では，読みの交流を通して予測とそのために着目する一文が更新され続けていまし

た。また，予測のズレは，叙述から導き出される解釈の修正を余儀なくされますが，予測のために着目していた一文については，むしろ重要性が認識されていました。

学習者が「予測」をもち「空所」に気づいていくことは，テクストへの〈問い〉をもち更新していく姿とも言えるでしょう。「空所」への気づきは，感覚的なものとも言えます。このような感覚をもった学習者は，〈問い〉によって焦点化される叙述に気づき，意味付けを必要とする文脈を捉えることができます。

10 学習者の問い

1　学習者の〈問い〉

物語や小説に対する学習者の〈問い〉は，単純な疑問や難語の指摘といった表層的なものから，人物の心情や主題にかかわる解釈や視点あるいは語りといった物語構造にかかわる解釈を求めるものまで，様々です。それらは大きく2つに分けることができます。解釈を再生産した〈問い〉と，直観的・感覚的な〈問い〉です。前者は，物語から得た解釈がすでに自分の中にある学習者によってつくられ，交流や相手への意識が高い〈問い〉です。後者は，読み手としての素朴な疑問や自分勝手な思い込み，生活経験にあふれる感想など，物語との接点が表現された〈問い〉です。

いずれにしても学習者の〈問い〉は，物語に対する読み手としての反応であり，1つの表現と言えるでしょう。

西田太郎（2016）は，学習者の〈問い〉について次のように述べています。

> 学習者が読みの本質的な目的をもって読みを形成し，交流するには，学習者自身に読みを推進するための〈問い〉がなければいけないと考える。〈問い〉は与えられて内在化することもあるが，自ら立てることができれば，より有効な学習につながる可能性がある。

自ら〈問い〉をもちながら物語を読む学習者を育成するためには，学習者の〈問い〉が一過性のものとならないような学習デザインが必要です。

2　〈問い〉づくりという言語活動

〈問い〉を個々の学習者がもち，集団での検討を通して再考し，読みつつある物語を価値付けるために最良の〈問い〉を追究していく言語活動を，〈問い〉づくりと呼んでいます。〈問い〉の答えとその答えを見つける過程，あるいは〈問い〉を考えることが解釈であり解釈形成

過程となります。そして，学習者の〈問い〉は，読みの交流の中で更新されるからこそ，読みの学習を深めるものになります。

　そのためには，学習者が〈問い〉を追究する姿勢をもたなければなりません。学習者の中で〈問い〉の答えを考えることは，〈問い〉をつくるその先にあります。だからこそ，〈問い〉づくりは，取り組み易い言語活動であると同時に，そこでの学びが欠かせない学習活動なのです。

　〈問い〉づくりにおける学習者の読みの力は，〈問い〉とその答えに表れます。もちろん，〈問い〉の答えとして得られた解釈から読みの力を見取ることができます。ただし，〈問い〉に関する質的な要素は，その段階・意図によって大きく異なります。西田太郎（2016）は〈問い〉に表れる読みの力を，松本修（2011b）の読みの交流を促す5つの要件に対応させ，次のように示しています。

【問いに表れる読みの力】
　a´　語彙的意味を正しく捉える読み
　b´　人物や場面，出来事等の設定に関わる読み
　c´　文脈から一貫性を推し量る読み
　d´　交流を生かした読み
　e´　象徴性や暗示性，主題に関わる読み

　これらの力を身に付けるために学習者が求められることは，①〈問い〉について理解すること，②読みの学習として扱う価値のある〈問い〉を追究すること，③読みの交流によって自らの解釈を捉え直していくことです。

　また，〈問い〉づくりにおいては，教師が前提条件を学習者に示す必要があります。松本修・西田太郎（2020）は，次のように示しています。

【前提条件】
　ア　〈問い〉は，交流を通して答えを考える
　イ　作品の読みどころを引き出すことを問う
　ウ　叙述から答えられないことは問わない
　エ　誰が読んでも答えが同じことは問わない

　アは，〈問い〉づくりの最も中核にある前提条件です。学習者には，〈問い〉は交流の中で考えを共有しながら答えていくことを確認します。イは，価値ある〈問い〉を探究するための前提条件となります。〈問い〉を更新することによって学習を進めることにもつながります。ウは，〈問い〉の検討を「なんでもあり」にさせないための前提条件です。読みの学習における

解釈形成に必要な，最も基本的な態度です。エは，他の３つの条件とは異なり，これまでの読みの学習では指摘されていないものです。教室における集団の読みには，たった一つの明確な答えが存在します。このような〈問い〉は，物語の設定にかかわる〈問い〉に多く見られ，答えが叙述に明示されています。正答を求めるような〈問い〉で，検討する余地がないと言えます。

　学習者は，これら４つの前提条件を基に，自分たちの〈問い〉の条件を生み出していくことができます。条件を念頭にした〈問い〉づくりは，物語を俯瞰的・客観的に捉え，他者とのかかわりを求める学習者を育てることにつながります。

　〈問い〉づくりは，〈問い〉そのものが変わる，あるいは変わらないにかかわらず，〈問い〉そのものや〈問い〉に関する叙述，そのつながりが常に問い直されることを意味しています。自らの解釈を捉え直そうとする姿の表れです。

3　問うことで生まれる読み

　〈問い〉に表れる読みの力や条件を基にした〈問い〉づくりは，〈要点駆動〉の読みを内包しています。ヴァイポンドとハント（Vipond & Hunt, 1984）は，読者の立場におけるテクストへのかかわり方として，〈情報駆動〉，〈物語内容駆動〉，〈要点駆動〉という３つの読みを示しています。山元隆春（2014）は次のように解説しています。

〈情報駆動〉の読み………読者の主な目的が，作品から学んだり，情報を取り出すことにある読み
〈物語内容駆動〉の読み…読者の主な目的が，作品に描かれた世界を「生き延びる」ことに置かれるような読み
〈要点駆動〉の読み………作品の「評価構造（the evaluation structure of text）」に基盤を置きながら，作品の話題を探る読み

　山元隆春（2014）は，〈要点駆動〉の読みと他の２つの読みとの違いを，「読みつつある文章の枠を超える読みであり，筆者（作者）と読者との協働によって成り立つ読みだからです。」と述べています。さらに山元隆春（2014）は，〈要点駆動〉の読みは，①「結束性を求めて読む」方法，②「物語の表象に着目する」方法，③「作品を，作者・語り手・登場人物のあいだのやりとりとして読む」方法から生まれるとしています。

　〈問い〉づくりにおける学習者の読みの力や条件を意識した〈問い〉づくりは，必然的に物語に対する俯瞰的・客観的な読みを促します。学習者の〈問い〉は，その答えに終始するのでなく，〈問い〉そのものを追究することで，読みの力を高めるものとなります。学習者の〈問い〉には，単元における学習課題の設定としての役割を越えた可能性があると言えるでしょう。

11 古典教材の問い

　「古典」の価値とは，作品の中に内在するものでしょうか。それとも現代の私たちが読み返すときに「古典」の価値が立ち現れるのでしょうか。内在する価値があるからこそ読み返され，その度に価値が生みだされ続けてきたからこそ古い時代の作品が今に伝えられてきたわけですから，そのいずれもが正しいはずです。多様な価値観が混在する現代こそ，日本文化のアイデンティティを確認するよすがとなる言語文化として，前者の視点は重視されます。しかし，「読みの交流」が期待される「教室における古典」に関して考えるときは，後者を強く意識すべきでしょう。いずれにしても，古典における問いは，「古典」としての価値を発見し実感させるものであるべきです。「口語訳のための問い」への偏りから脱却しなければなりません。

　生徒たちが古典を読むときの言語的・文化的な抵抗は大きいでしょう。語彙・文法は現代のものと隔たりがあり，文化や習慣も異なるため，そこには誤読も含めて多様な「解釈」が生じます。それが理解の妨げとなる場合もあるのですが，一方で，「読みの交流」を促し，作品の価値の理解を深めていく分岐点になる可能性を持ちます。あるいは，記述を根拠に考えることで，「言葉」を意識的に捉える契機ともなります。

　古典の「語り」もまた豊かな多様性を持って織りなされており，その分析は古くから「草子地」の問題としての伝統を持つものです。そこには和歌や対話文（直接話法）の他に，①語り手の描写である通常の「地の文」②語り手の意識が直接挟み込まれている狭義の「草子地」③登場人物の意識が直接話法的に表現される「内話文」（心中思惟），さらには④地の文にありながら登場人物に寄り添って語られる自由間接話法・自由直接話法などがあり，読者を登場人物の意識に同化させる機能を持ちます。また，語り手には意図的に明確な人格を持たせている場合が多いのですが，超越的な視点からの語りである場合や現実の作者に重なる場合もあります。

　この語りの多様性は「これは誰の意識なのでしょう」「この内心の表現はどこから始まっているのでしょう」といった問いを生む場となりますが，その答えもまた多様性を持ち，交流を生み出すものとなります。そしてそのことは，古典の持つ豊かさの理解，古典としての価値の実感につながるものです。

12 伝統的な言語文化の学習を成立させる条件

　竹村信治（2011）は，平成20年告示の中学校学習指導要領の「伝統的な言語文化」として位置付けられた「古典」の「内容」が，学年段階を追って「触れる」「楽しむ」「親しむ」となっている段階構造について，「一つの見識である」とした上で，瀬戸内寂聴と山田詠美の恋愛に

かかわる対談を引用して次のような説明を試みています。

> やや不謹慎ながら，ここには「触れる」「楽しむ」と「親しむ」の位相差が端的に言い当てられているように思う。「触れる」「楽しむ」は２年間しか続かない「恋愛感情」。そこで生まれる「情熱」が「尊敬」へと接続されないかぎり関係は「家族愛」「友情」，すなわち「親しむ」には変換されない。「触れる」「楽しむ」学習活動によって芽生えた「古典が好き」の「情熱」は，古典世界への respect に媒介されてこそ「親しむ」へと変換され，「家族愛」「友情」にも似た古典世界との関係，つまりは身近な慕わしき（古語「なつかし」の心状）を生成するというわけだ。

　そして，古典への respect を欠いている高等学校の古典学習の現状を批判し，中学校における古典学習の究極の目標は respect の育成にあるとしています。しかしすぐさま，respect がカノン化（古典化）の中でア・プリオリに要請されるそれとは別物であり，学習者自身が主体的にテキストに見いだしていくものであるとしています。これは硬直化した古典学習を再生するキーワードとして，「親しむ」の実質を捉え直していこうという考え方であり，古典学習の本来の姿を求める国語教育関係者の共通した願いに理論的背景を与えたものと言えます。

　その後，平成29年告示の中学校学習指導要領では，全学年が「親しむ」で統一され，親しむの積極的な意味が減退したかに見えます。しかし，「古典」の枠組みを「伝統的な言語文化」と組み替えたことの意味の大きさは変わらないものだと言えるでしょう。「古典の重視」がわざわざ「伝統的な言語文化」という新しい名の下に置かれた理由は，単なる読みの１ジャンルとして取り上げるのではなく，まさに言語活動を含めた古典学習の再生をねらったところにあると見るべきです。

　伝統的な言語文化の単元づくり，学習デザインにおいては，その教材の伝統的な言語文化としての価値，古典としての価値をどのように学習目標に盛り込み，学習に反映させるかということが重要です。しかし，現実にはそうなっていないことが多いというのが実態です。このことについて松本（2011a）は，次のように述べています。

> 伝統的な言語文化の単元や学習を考えるとき，二つの極端な形がある。一つは，これまでの受験学力に必要とされた，中学校・高等学校での学習項目をそのまま反映させてしまい，俳句なら，「季語」「切れ字」などといった知識を説明したり覚えたりする形である。もう一つは，「親しむ」「楽しむ」ことを優先させ，ひたすら音読や暗唱に走る形である。百人一首の暗唱や，ゲームを繰り返すというだけの活動に陥る形である。暗唱は無理に強いれば「楽しむ」どころか単なる苦痛になる可能性もある。

　これは，小学校における伝統的な言語文化の学習を批判したものですが，ことは中学校・高等学校でも同じです。このところの中学校，高等学校における学習の実態は，およそ次のよう

なものだったのではないでしょうか。すなわち，中学校においては，「親しむ」を素朴概念としての「親しむ」と捉え，高校入試で古典の本格的な問題が出ないことを前提に，音読，暗唱，お遊び的な活動に終始し，かえって古典のおもしろさを全く味わうことの出来ないような学習が横行していることです。そして高等学校においては，学習指導の改善が言語活動を軸に叫ばれながらも，入試対策にさえあまり意味があると思えない，断片的な知識重視，文法重視の，品詞分解と現代語訳を繰り返す惰性的な学習がいまだなくならない状況があることです。

　この問題を解決するには，もう一度，探究的な課題（問い）に基づく言語活動をきちんと古典の学習に位置付けることが必要です。ひらたく言えば，現代文と同じように，ジャンルに応じて，その作品の本質にせまる主体的な学習をデザインすることです。

　ここでもう一度，私たちが学習のデザインにおいて念頭に置いている言語活動の定義を振り返っておきましょう。

探究的な課題のもとに，活用を図ることにより，言語的思考にかかわる知識・技能および教科にかかわる知識・技能を確かなものとする，言語による表現を伴う相互作用的な活動。

　竹村があえて英語のまま用いている respect という概念は，個々の学習者が主体的に抱く古典の世界への憧憬・敬意のことです。それは外から与えられるのではなく，個人の内側から掘り起こされ，個人に内化されていくという点から見れば，respect の形成そのものが「伝統的な言語文化」としての古典の学習の目標ということになります。その目標のもとに学習をデザインするために必要な条件は以下のようになるでしょう。

①探究的な課題を出発点に，学習者が教材の伝統的な言語文化としての価値を見いだす学習過程を作ること。
②個々の学習者が見いだした伝統的な言語文化としての価値を共有するためのコミュニカティブな学習を作ること。
③探究的な課題につながる教材の価値を掘り起こすための教材研究を深めること。

　一例をあげます。枕草子の模倣をして「私の春はあけぼの」を書いてみようというような学習が，小学校でも高等学校でも行われています。古典を読まないままでも書くこと自体は可能なので，自由に書く活動がままあります。しかし，枕草子における清少納言の季節感が，古今和歌集に見られる季節感に対してどのような違いを持ち，どのような個性を示しているかをきちんと読むことによって，初めて，読み手としての学習者が，枕草子の季節感に対して，自分の季節感を個性あるものとして提示する（「私の春はあけぼの」のような作品を書く）ことが可能になるはずです。そのためにこそ，教師は古今和歌集の教材研究をしなければなりません。

そして，いいかげんではない個性ある作品をともに読み合うことで，枕草子への respect を確かなものとしていくことができるわけです。

13 古典教材の問いの諸相

1 口語訳を超えて読み味わうための問い

　古典作品においては，現代との文化や経験の相違が，古典独特の世界観を生んでいる場合があります。例えば現代社会では，漆黒の闇や完全な無音は経験しがたいものであり，そこに跋扈する「物の怪」の持つリアリティーは作品世界の中でしか経験できないものです。

　例えば，『源氏物語』の「夕顔」の夕顔の死の場面は，物の怪によって灯火がかき消されて視覚が閉ざされた闇の中で，世界は聴覚，触覚などの気配で把握されます。

　したがって例えば，源氏の枕上に現れた「いとをかしげなる女」が何者であり，それはどのような存在として描かれているかを問うことが考えられます。闇の中での源氏の強がりとそれに反する紙燭への執着，死へと向かう夕顔の感触などの物語世界の実感につながります。

　ところで，この場面には，次のような記述があります。

> 西の妻戸に出でて，戸を押し開け給へれば，渡殿の灯も消えにけり。

　自由直接話法や自由間接話法（描出話法）は，間接体験過去の助動詞「けり」や敬語表現「おぼす」などを欠くといった表現上の特徴を持ちます。例えば，『竹取物語』は，次に示すaの文で始まりながら，bのような自由間接話法（描出話法）に移行し，読者は物語世界にいざなわれます。『源氏物語』「若紫」では，cの心中思惟にdの自由直接話法が続き，読者の意識もまた源氏の内面に重なります。

> a 今は昔，竹取の翁といふものありけり。
> b あやしがりて，寄りて見るに，筒の中光りたり。
> c さても，いとうつくしかりつる稚かな，何人ならむ，かの人の御代はりに，明け暮れの
> 　慰めにも見ばや，dと思ふ心深うつきぬ。

　さて，問題の「渡殿の灯も消えにけり」については，直前の戸を押し開ける行為までは敬語の使用もある語り手の通常の記述ですが，続く目の前に続く真っ暗な渡殿は描出表現として，源氏の目で捉えられたものであるとも読めます。したがって「けり」は，地の文にありながら

も詠嘆（気づき）であると考えることもできます。

物の怪の描かれ方を問う問いは，単元（教材）全体にかかわる大きな問いです。「けり」の文法的な意味を問う問いは何の変哲もない小さな問いですが，大きな問いと関連を持たせることで，口語訳のための問いを超えて作品の価値を発見する問いとしての機能を持ちます。

2 和歌に関する問い

和歌もまた，近代短歌とは違った側面を持ちます。枕詞，序詞，掛詞，折句といった技法は生徒たちにとって馴染みの薄いもので，「言葉遊び」に過ぎないものだという意識を持ちがちです。次の歌は「古今和歌集」にある小野小町の歌です。

> 花の色はうつりにけりないたづらにわが身世にふるながめせしまに

掛詞を2つのグループに分ける作業を通じて「花の色」の意味を考えるような問いが，修辞の機能を実感するのに有効な問いとなります。a 降る－長雨　b 経る－ながめ　の関連性を理解した上で，さらに「花の色」とaの関連を考えると，歌のはじめはaが表に現れて歌われながら，後半になるとbが表に現れ，そのことが翻って「花」が容姿（bの関連）の隠喩であるという，重層的な構造を発見することにつながります。

また，実際の生活場面でも，贈答されるという機能は現在では失われているものです。贈答は詞書などでも確認することはできますが，日記や物語においてより具体的な場面として登場します。『蜻蛉日記』には，次のような贈答場面があります。

> 二三日ばかりありてあかつきがたに門をたたく時あり。さなめりと思ふに憂くてあけさせねば，例の家とおぼしきところにものしたり。つとめて，なほもあらじと思ひて
> 　　なげきつつひとり寝る夜のあくるまはいかに久しきものとかは知る
> と，例よりもひきつくろひて書きて，うつろひたる菊にさしたり。返りごとあくるまでも試みむとしつれど，とみなる召使の来あひたりつればなむ。いとことわりなりつるは。
> 　　げにやげに冬の夜ならぬまきの戸もおそくあくるはわびしかりけり
> さてもいとあやしかりつるほどにことなしびたる。しばしは忍びたるさまに，内裏に，など言ひつつぞあるべきを，いとどしう心づきなく思ふことぞ限りなきや。

道綱母の嫉妬や恨み，それをさりげなくいなそうとする兼家といった関係が色濃く見て取れる場面です。同じ贈答場面が『大鏡』の「兼家伝」にもあるのですが，2つの歌自体はほぼ同じものでありながら，そこから受ける印象は全く異なったものになっています。そこでこの2つの作品で2人の関係がどのように異なっているか，その理由も含めて考える問いを考え，読

みを交流させてみましょう。歌自体に表れる感情が，贈答場面というコンテクストによって支配されること，それが語り手の意図の違いによること，さらには日記と歴史物語といった作品の位相の違いにまで読みを深めることができます。

3　受容史に関する問い

受容の歴史を持つために古典は古典たり得ているのですが，漢詩文もまた日本における受容の過程を持ちます。『枕草子』には時折，そうした場面が登場します。

> 雪のいと高う降りたるを例ならず御格子参りて，炭櫃に火おこして，物語などして集まりさぶらうに，「少納言よ，香炉峰の雪いかならむ」と仰せらるれば，御格子上げさせて，御簾を高く上げたれば，笑はせたまふ。人々も「さることは知り，歌などにさへ歌へど，思ひこそよらざりつれ。なほ，この官の人にはさべきなめり」と言ふ。

ここでは，通常の授業でも，定子の反応と女房たちの賞賛の理由が問われます。

その際，『白氏文集』だけではなく『和漢朗詠集』とも読み比べた上で考えると，その答えは，多様性や，想定外の広がりを持つことになります。

日	高	睡	足	猶	慵	起	小	閣	重	衾	不	怕	寒
遺	愛	寺	鐘	欹	枕	聴	香	炉	峰	雪	撥	簾	看	（『白氏文集』）
遺	愛	寺	鐘	欹	枕	聴	香	炉	峰	雪	巻	簾	看	（『和漢朗詠集』）

『白氏文集』では「撥」（跳ね上げる）ですが，『和漢朗詠集』では「巻」（巻き上げる）となっており，教養の深さを示すなら御簾は跳ね上げられるべきものでした。定子の笑いや女房たちの賞賛は，とっさの行動力にあったと考えられます。さらには例えば次のような読みが生じる可能性があります。「清少納言は『雪を見たいのなら寒さなんて怖くない』と言いたかったので巻き上げた。定子は原典を知っているので笑い，（後からそのことを理解した）女房たちによって清少納言の教養が賞賛された。」

解釈の根拠として『白氏文集』にだけあった「不 怕 寒」や，「例ならず」「炭櫃に火おこして」「高く」といった記述の持つ意味が再検討されることになります。

4　漢文教材に関する問い

広大な砂漠，果てしない長江といった大自然，『史記』などの史伝に見られる骨太の人物等，近代文学も含めて日本の文学には見られないスケールの大きさが漢文の「記述内容」にはあります。あるいは，日本の古文教材には「思想・哲学」自体も希なのですが，『荘子』の寓話的

な表現や『老子』の対句的表現による論述といった「記述のされ方」も馴染みの薄いものです。そうした漢詩文の特性を活用しその価値に目を向ける授業をデザインすることが大切です。例えば，司馬遷の『史記』の「鴻門之会」では，豪胆に見える項羽が実は温情家であり，優柔不断に見える劉邦が実は冷徹な側面を持っていることが「典型場面」として描かれています。「部下の進言に対する対応」や「敵方，特に曹無傷に対する対応」といった「典型場面」に注目して問いを立てることが，漢文の授業をデザインする際の重要なポイントになります。

〈引用・参考文献〉

石黒圭（2008）『日本語の文章理解過程における予測の型と機能』ひつじ書房

井上功太郎（2013）「ポール・リクールにおける三重のミメーシスの循環と読みの交流の意義」『Groupe Bricolage 紀要』No.31 Groupe Bricolage

鍛治哲郎（1996）「「空白箇所」の機能変換」『文学の方法』東京大学出版会

小森陽一（1988）『構造としての語り』新曜社

瀬戸内寂聴・山田詠美（2005）『小説家の内緒話』中公文庫

竹村信治（2011）「古典の読解力」『中学校国語指導シリーズ　充実した読解力養成のために』学校図書

丹藤博文（2018）『ナラティヴ・リテラシー―読書行為としての語り―』渓水社

桃原千英子（2010a）「入れ子構造を持つ文学作品の読解」全国大学国語教育学会編『国語科教育研究 118回東京大会研究発表要旨集』

桃原千英子（2010b）「入れ子構造を持つ文学作品の読解」『Groupe Bricolage 紀要』28巻　Groupe Bricolage

桃原千英子（2011）「入れ子構造をもつ文学教材における読みの学習―目取真俊「ブラジルおじいの酒」における読みの交流―」『月刊国語教育研究』2011年1月号　日本国語教育学会

長尾高明（1990）『古典指導の方法』有精堂

西田太郎（2016）「文学作品の読みにおける学習者の〈問い〉に関する考察」『臨床教科教育学会誌』第16巻第1号　臨床教科教育学会

西田太郎（2018）「メタ認知的活動を意図した文学の読みの学習」『国語科教育』第83集，全国大学国語教育学会

西田太郎（2019）「学習者に獲得される「空所」概念の検討と実践化」『国語科学習デザイン』第2巻第2号

仁野平智明（2013）「一人称小説の教材性―「故郷」を具体例として―」『沖縄国際大学日本語日本文学研究』第32号

浜本純逸（1996）『文学を学ぶ・文学で学ぶ』東洋館出版社

松本修（2001a）「文学の読みとその交流の実践的意義」『国語科教育』49集

松本修（2001b）「文学の学習における読みの〈深さ〉について」『Groupe Bricolage 紀要』No.19　Groupe Bricolage

松本修・桃原千英子（2004）「「ブラジルおじいの酒」における語りの重層性と読みの形成―教材化研究の視点から―」『表現研究』表現学会

松本修（2006）『文学の読みとその交流のナラトロジー』東洋館出版社

松本修（2011a）「「伝統的な言語文化」の学習をどう作るか－教材のとらえ方と単元の構成－」学校教育研究所 編『学校教育研究所年報』第55号

松本修（2011b）「読みの交流を促す〈問い〉の5つの要件の検討―教材「庭の一部」の話し合いに基づいて―」『国語科教育』第七十集　全国大学国語教育学会

松本修（2014）「読みの交流を促す〈問い〉をつくる」『「考える」国語』2号　学校図書

松本修（2015）『読みの交流と言語活動　国語科学習デザインと実践』玉川大学出版部

松本修・西田太郎（2020）『小学校国語科　〈問い〉づくりと読みの交流の学習デザイン』明治図書

三谷邦明（1997）『入門　源氏物語』ちくま学芸文庫

山元隆春（2005）『文学教育基礎論の構築―読者反応を核としたリテラシー実践に向けて』渓水社

山元隆春（2014）『読者反応を核とした「読解力」育成の足場づくり』渓水社

若杉俊明（1999）「各科目における授業改善・古典講読」甲斐睦朗・田中孝一『高校国語教育―21世紀の新方向―』明治書院

若杉俊明（2010）「古典の価値を認識させ，学習への合意を形成する」日本国語教育学会『国単元学習の創造　Ⅶ高等学校編』東洋館出版社

ヴォルフガング・イーザー，轡田収訳（1982，原著1976）『行為としての読書―美的作用の理論―』岩波書店

ジェラール・ジュネット，花輪光・和泉涼一訳（1985）『物語のディスクール―方法論の試み』水声社

シェル・シルヴァスタイン，村上春樹訳（2010）『大きな木』あすなろ書房

ポール・リクール，久米博訳（1996）『他者のような自己自身』法政大学出版

リチャード・ビーチ著，山元隆春訳（1998）『教師のための読者反応理論入門―読むことの学習を活性化するために―』渓水社

Vipond, Douglas & Hunt, Russell A. (1984) Point-Driven Understanding: Pragmatic and Cognitive Dimensions of Literary Reading. Poetics, 13.

おわりに

「『読みの交流』がノウハウに陥ってしまってはならない」

　読みの交流の理論的モデルを示した松本修先生が常々口にされる言葉です。

　根底にある理論の理解なしに，形だけの交流が行われることを非常に危惧されているのです。本書の問いは交流を促す要件が検討されていますので，そのまま提示しても授業は活性化することでしょう。しかし重要なのは，生徒が主体的に取り組み，対話的な学習空間で，学びの深まりを実感できるような問いを，教師一人ひとりが創り出せることなのです。

　本書は，「読みの交流」活動を実践してきた松本研究室の関係者が，これまでの経験をもとにまとめたものです。小学校教材を対象とした『その問いは，物語の授業をデザインする』(学校図書)の中学・高校編として編まれました。「読みの交流」の理論をもとに，教材そのものの特質を活かし，対話的で深い学びを実現させていく問いづくりの過程を再現できるようにしています。作品の特質を見極めずに言語活動を組むと，意図せずに「活動あって学びなし」の状況を生んでしまいかねないからです。

　「語り」の問いは，多様な読みが可能となり，個々の読みの特性が表れる箇所の１つです。１つの読みの方略しか持ち得なかった生徒が，他者と交流することで，優れた読者の方略を知ることが可能になります。新たに手にした読みの方略を，他の作品の読みにも転移させ，自ら読解できるようになることが，子どもの学びであり，成長なのです。

　「読みの交流」では，授業後も額を寄せ合い考えを検討したり，自分はこう読んだと報告に来てくれたりするのは，たいへん嬉しいものです。そこには読み浸り，考え続ける姿があります。

　「主体的・対話的で深い学び」への学習観の転換は，「問い」そのものを作る教師の力を高めることで可能になります。子どもたちの対話の中で，新たな問いが検討され創造され，教室が好奇心に満ちた空間になってほしいと思います。

　本書の出版に当たっては，多くの皆さまに沢山のアドバイスをいただきました。特に明治図書出版の大江文武さんには，限られた紙数の中，本書のコンセプトがわかりやすく伝わるよう，読者の視点に立ったご助言をいただきました。本書の「読み」を交流しながら，想定される読者をイメージしながら，１つの作品に仕上げていただいたように思います。

　篤く感謝申し上げます。

令和２年春

桃原　千英子

索引

※解説のページはイタリックで示す。

あ行

一人称の語り手　　10, 16, 23, 50, 52〜54, 58, 61, *137,*
141〜144
一貫性（一貫性方略）　　12, 14, 15, 17, 19, 25, 31, 68,
97, 133, 151, 154, 156

か行

回想　　10, 17, 19, 22, 23, 38, 42, 43, 46, 48〜50, 56,
60, *138, 142, 143*
解釈の再構成　　132, 133
語り（語り手）　　10, 12, 16, 17, 19〜30, 34〜43, 48〜
55, 57〜62, 66, 70, 72〜78, 80〜82, 84, 86〜103,
105, 111, 114, 117〜120, 122〜129, *136〜143*, 148,
150, 151, 157, 158, 161, 163
価値付け　　17, 31, 36, 43, 64, 68, 69, 72, 73, 95, *150,*
155
勘所　　25, 29, 31, 47, 54
空所　　25, 31, 36, 82, 84, 85, 87, 89〜93, 100〜105,
108, 109, 114, 115, 133, 143, 145, *147〜149, 152〜*
155
結束性　　12, *157*

さ行

最後の一文　　11, 17, 20, 23, *25*, 31, 33〜37, 82, 84,
112, 150
三人称の語り　　19, *24*, 27, 34, *138〜139*
恣意的（恣意的な解釈）　　82, 92, 93, 133, 148, 149
仕掛け　　11, 25, 31, 34, 36, 39, 89, 95, 96, 98, 100,
101, *136〜138*, 142, 149, 150
地の文　　*139, 158*, 161
視点（視点人物）　　10, 16, 22, *24*〜28, 30〜32, 35〜
38, 40, 49, 52〜54, 58, 60, 71, 74, 76, 77, 80, 84,
88〜92, 98, 101〜103, 117, 124, 125, 133, 138, *139,*
144, 148, 155, 158
主題　　15, 17, 20, 22, 23, 26, 29, 31, 34〜38, 45, 47
〜49, 56, 57, 59〜61, 63, 72〜74, 78, 82, 86, 87,
91, 95, 96, 98, 100, 101, 109, 114, 123, 124, 128,
143, 148, *150*, 151, 155, *156*
象徴　　32, 50, 55〜61, 63, 68, 69, 71〜73, 77, 87,
100, 101, 135, *145〜147*, 150, 156
情景描写　　28, 29, 37, 50, 51, 56, 59〜61, 72, 97,
146
情報駆動　　*150, 157*
心情（心情描写）　　10〜23, 29, 31, 36, 37, 48〜50, 56
〜61, 64〜67, 71〜73, 88, 95, 100, 101, 111, 115,
120, 126, 127, 141, 155
心中思惟　　28, 29, 91, 93, 95, 150, *158*, 161
草子地　　75, 129, *158*

た行

第三者の語り手　　24, 28, 34, 62, 96, *138, 139*

（右段）

対話　　17〜20, 25, 31, 33, 35, 46, 55, 84, 87, 130,
133, 149, *151*, 158, 165
知覚の起点　　19, 36
超越的な語り手　　29, 30, 34, 70, 88, 89, 91〜95, 98,
148
直接表現（直接話法・自由直接表現・自由直接話法）
28, 29, 76, 97, 119, 150, *158, 161*
テクスト（テクストの文脈）　　12, 19, 20, 29, 34, 42,
70, 73, 82, 92, 93, 97, 107, 111, 120, 129, 130,
133〜136, 140, 141, 145〜155, 157, 159, 163
問いづくり　　*156*

な行

人称　　10, 16, 19, 22〜24, 27, 28, 34, 50, 52〜54, 58,
60, 61, 100, *137〜139*, 141〜143, 150
認知的変容　　*135*

は行

非再帰的な「自分」　　19, 97, 111, *141*
比喩　　50, 56, 74, 78〜81, 114, *144, 145*, 150
否定　　39, 44, 52, 53, 55, 103, 111, 117, *147〜149*,
153
描出表現（描出話法・自由間接表現・自由間接話法）
14, 19, 28, 29, 34, 41, 42, 46, 54, 58, 70, 76, 80,
81, 84, 92, 97, 98, 106, 107, 111, 119, 125, 133,
138, *139〜141*, 150, 151, 158, 161
表現の意図　　10, 14, 18, 86
部分テクスト　　12, 26, 66, 150

ま行

マクロ（マクロな問い・マクロ構造）　　17, 22, 23, 36,
37, 48, 49, 60, 61, 68, 72, 73, 86, 87, 91, 95, 100,
101, 105, 107, 114, 128, *150, 152*
ミクロ（ミクロな問い・ミクロ構造）　　22, 23, 36, 37,
48, 49, 60, 61, 72, 73, 86, 87, 100, 101, 114, 128,
148, 150
メタ認知的変容　　*134〜136*
モダリティ　　28, 42, 46, 54, 70, 92, 106, 111, 124,
140, *141*
モチーフ　　39, 44〜46, 48, 49, 129
物語内容駆動　　*151, 157*

や行

雪だるま効果　　*25*
要点駆動　　132, *150〜152, 157*
読みの交流　　15, 20, 25, 29, 34, 41, 42, 46, 50, 54,
58, 66, 70, 71, 81, 82, 84, 93, 97, 107, 112, *134〜*
136
読みの方略　　28, 41, 44, 95, 101, 130, *134*, 135, 137,
139, 141

【執筆者一覧】（執筆順）

松本　修　　　　玉川大学教職大学院教授

[はじめに，第2章扉・2・6・12]

桃原　千英子　　沖縄国際大学准教授

[第1章扉，Column，第2章7・8，おわりに]

武田　純弥　　　新潟県魚沼市立広神西小学校

[第1章教材1]

牧　　周民　　　上越教育大学教職大学院

[第1章教材2]

井上　功太郎　　東京都中央区立日本橋中学校

[第1章教材3，第2章1]

丸山　義則　　　新潟県十日町市立下条中学校

[第1章教材4]

小川　愛美　　　新潟県南魚沼市立大和中学校

[第1章教材5]

若杉　俊明　　　筑波大学グローバルコミュニケーション教育センター非常勤講師

　　　　　　　　秀明大学教育研究所教授

[第1章教材6，第2章11・13]

福村　美樹　　　沖縄県西原町立坂田小学校

[第1章教材7]

宇賀神　茜　　　栃木県立壬生高等学校

[第1章教材8]

篭島　千裕　　　開智望中等教育学校

[第1章教材9]

佐藤　多佳子　　上越教育大学大学院教授

[第2章3・4]

田部井　聡　　　栃木県立小山高等学校

[第2章5]

西田　太郎　　　東京福祉大学短期大学部専任講師

[第2章9・10]

【編著者紹介】

松本　修（まつもと　おさむ）
玉川大学教職大学院教授。
栃木県宇都宮市生まれ。筑波大学人間学類を卒業後，栃木県立
高等学校国語科教諭として13年あまり勤務。かたわら，宇都宮
大学大学院修士課程，筑波大学大学院教学学研究科研究生とし
て学ぶ。上越教育大学国語コース，学習臨床コース，教職大学
院を経て現職。文学教材の教材研究，国語科授業における相互
作用の臨床的研究を基盤にした読みの交流の研究，言語活動の
成立条件に関する研究を中心に行っている。著書に，『読みの
交流と言語活動　国語科学習デザインと実践』（2015　玉川出
版部）『教科力シリーズ　小学校国語』（2015　編著　玉川大学
出版部）など。

桃原千英子（とうばる　ちえこ）
沖縄国際大学准教授。
沖縄県那覇市生まれ。沖縄県公立中学校教諭として16年あまり
勤務。かたわら，上越教育大学大学院学習臨床コースを修了。
離島僻地校や中高一貫校勤務を経て現職。学習者の相互交流に
よる作文教育や，読みの交流学習の研究を中心に行っている。
共著として，『新しい教科書と授業改善』（2012　学校教育研究
所）『教師が学び生徒が活きる　国語科授業づくりの視点と実
践（中学・高校版）』（2013　沖縄タイムス社）『その問いは，
物語の授業をデザインする』（2018　学校図書）『新たな時代の
学びを創る　中学校・高等学校国語科教育研究』（2019　東洋
館出版社）。

中学校・高等学校国語科
その問いは、文学の授業をデザインする

2020年7月初版第1刷刊　©編著者　松　本　　　修
2024年1月初版第6刷刊　　　　　　桃　原　千　英　子
　　　　　　　　　発行者　藤　原　光　政
　　　　　　　　　発行所　明治図書出版株式会社
　　　　　　　　　　　　　http://www.meijitosho.co.jp
　　　　　　　　　　　　　（企画・校正）大江文武
　　　　　　　〒114-0023　東京都北区滝野川7-46-1
　　　　　　　振替00160-5-151318　電話03(5907)6702
　　　　　　　　　　　　　ご注文窓口　電話03(5907)6668

＊検印省略　　　　　　組版所　中　央　美　版

本書の無断コピーは、著作権・出版権にふれます。ご注意ください。

Printed in Japan　　　　　　ISBN978-4-18-362021-7
もれなくクーポンがもらえる！読者アンケートはこちらから→